U0504879

《美好安徽》干部培训省情系列教材

创新安徽

CHUANGXIN ANHUI

中共安徽省委组织部　安徽省科学技术厅○编写

全国百佳图书出版单位

时代出版传媒股份有限公司

安徽人民出版社

图书在版编目(CIP)数据

创新安徽/中共安徽省委组织部,安徽省科学技术厅编写.—合肥：
安徽人民出版社,2019.7(2023.7重印)

(美好安徽丛书)

ISBN 978－7－212－10492－4

Ⅰ.①创… Ⅱ.①中… ②安… Ⅲ.①区域发展—概况—安徽 Ⅳ.①F127.54

中国版本图书馆 CIP 数据核字(2019)第 060082 号

创新安徽

中共安徽省委组织部　安徽省科学技术厅　编写

出 版 人:杨迎会　　　　　　　　　　　　　责任印制:董　亮

责任编辑:朱　虹　陈　蕾　　　　　　　　装帧设计:陈　爽

出版发行:安徽人民出版社 http://www.ahpeople.com

地　　　址:合肥市蜀山区翡翠路 1118 号出版传媒广场 8 楼　邮编:230071

电　　　话:0551－63533258　0551－63533292(传真)

印　　　刷:安徽新华印刷股份有限公司

开本:710mm×1010mm　　　1/16　　　印张:14.75　　　字数:300 千

版次:2019 年 7 月第 1 版　　　　　2023 年 7 月第 2 次印刷

ISBN 978－7－212－10492－4　　　　　　定价:54.00 元

序　言

2016年4月，习近平总书记在安徽视察时，对安徽科技创新工作给予了充分肯定，指出安徽在科技、教育、人才方面有自己的优势，要用好这一优势，下好创新"先手棋"，塑造更多依靠创新驱动的引领型发展。

当今世界，创新已成为全球化时代发展的主旋律、最强音。从全球范围看，科学技术越来越成为推动经济社会发展的主要力量，谁能在创新上下好先手棋，谁就能掌握主动。一方面，新一轮科技革命和产业革命正在孕育兴起。科技创新呈现出群体性突破的发展态势，正在孕育和引发新一轮重大科技变革，学科交叉融合加速、新兴学科不断涌现、前沿领域不断延伸，物质结构、宇宙演化、生命起源、意识本质等基础研究突飞猛进；互联网技术广泛渗透到经济社会各领域，正在重塑产业分工格局和产业价值链体系。另一方面，科技创新活动不断突破地域、组织、技术的界限，创新发展战略在综合国力竞争中的地位日益重要。信息技术、生物技术、新材料技术、新能源技术的广泛渗透，带动几乎所有领域都发生了以绿色、智能、泛在为特征的群体性技术革命。信息技术成为率先渗透到经济社会生活各领域的先导技术，世界正在进入以信息产业为主导的新经济发展时期。从某种意义上说，科技实力和创新能力决定着世界经济力量对比的变化，也决定着各个国家、各个民族的前途和命运。习近平总书记深刻指出，科技是国家强盛之基，创新是民族进步之魂；科技兴则国家兴，科技强则国家强。只有不断推进科技创新，不断解放和发展社会生产力，不断提高劳动生产率，才能实现经济社会持续健康发展。

面对世界创新发展新形势，党的十八大以来，以习近平同志为核心的党中央站在时代前沿、国家前途和民族命运的战略高度，把创新摆在国家发展全局的核心位置，提出了一系列新理念、新思想、新战略，要求充分发挥科技创新在全面创新中的引领作用，并对实施创新驱动发展战略、加快建设世界科技强国作出一系列重大决策部署，让创新贯穿党和国家一切工作，让创新在全社会蔚然成风。这是党中央在我国发展关键时期作出的重大决策，顺应了全球科技创新趋势，契合我国发展的历史逻辑和现实逻辑。

2017年10月，习近平总书记在党的十九大报告中指出，创新是引领发展的第一动力，是建设现代化经济体系的战略支撑，为深入实施创新驱动发展战略提出了更高要求。

创新是安徽最为宝贵、最具优势的遗传基因、红色基因，也是安徽未来发展的最大潜力。当前，安徽经济发展已进入速度变化、结构优化、动力转换的新常态，但仍处于工业化加速阶段，人口、资源、环境对经济增长的刚性约束日益突出，总体上依靠资源、资本、劳动力等要素驱动的发展模式尚未根本改变。经济形势发展发生了深刻的变革，像过去那样依靠低成本资源和要素投入的发展模式难以为继，资源环境也难以承受，需要依靠更多更好的科技创新为经济发展注入新的动力。在新一轮区域竞争中，把握发展良机必须抓创新，必须依靠创新，扩大有效和中高端供给，减少无效和低端供给，不断提高供给体系的质量和效率，推动产业发展迈向中高端；必须依靠创新改造提升传统动能、培育新动能，推动发展方式主要由投资驱动向全要素综合驱动转变，奋力实现新常态下的新发展。实施创新驱动发展已成为安徽主动适应引领新常态、实现经济高质量发展的迫切要求，成为推进供给侧结构性改革、加快经济结构转型升级的关键之举，成为建设现代化五大发展美好安徽、奋力在中部崛起中闯出新路的战略选择。

安徽将坚持以习近平新时代中国特色社会主义思想为指导，深入贯彻落实习近平总书记视察安徽重要讲话精神，以更高的站位、更宽的视野，深化抓创新就是抓发展，谋创新就是谋未来的认识，充分发挥安徽创新优势，坚持把创新发展作为核心战略，贯穿于经济社会发展的全过程和各领域，落实到推进结构性改革的各个环节。加快推进合肥综合性国家科学中心、合肥滨湖科学城、合芜蚌自主创新示范区、系统推进全面创新改革试验省"四个一"创新主平台建设，大力推进"三重一创"建设，统筹推进科技创新、产业创新、企业创新、产品创新、市场创新，全力打造有重要影响力的综合性国家科学中心和产业创新中心，建设更具优势、更有活力、更高水平的创新型省份，为加快建设现代化五大发展美好安徽提供强劲支撑，推动发展由跟跑、并跑向并跑、领跑转变。

本书共分为九部分：第一部分"创新安徽奏响时代强音"，第二部分"开创农村创新改革先河"，第三部分"勇立世界前沿创新潮头"，第四部分"打造产业升级新引擎"，第五部分"构建企业技术创新体系"，

第六部分"建立健全区域创新体系",第七部分"发挥人才第一资源作用",第八部分"激发体制机制创新活力",第九部分"在创新发展中走出新路"。本书旨在通过对安徽创新发展的历史进行系统总结和回顾,对安徽创新发展的路径和重点任务进行系统阐述,为安徽加快实施创新驱动发展战略,推进现代化科教大省建设提供借鉴和参考。

目　录

勇立世界前沿创新潮头

打造产业升级新引擎

构建企业技术创新体系

建立健全区域创新体系

发挥人才第一资源作用

激发体制机制创新活力

在创新发展中走出新路

后　记

创新安徽奏响
时代强音

安徽，这个我国中部传统农业大省，正以科技创新吸引着中国和世界的目光。一系列国家战略在这里实施。建设国家自主创新示范区，系统推进全面创新改革试验，打造合肥综合性国家科学中心，开展创新型省份试点……一系列前沿科技成果在这里诞生。世界首台超越早期经典计算机的光量子计算机研发成功，"墨子号"实现千公里量级量子纠缠分发，"人造太阳"实现稳定的101.2秒稳态长脉冲高约束等离子体运行，"最聪明"的人工智能企业科大讯飞独占语音技术鳌头……安徽正在奏响创新发展的时代强音。

一、安徽人的特色创新基因

自古以来，创新，如同基因一样，在安徽人的体内代代相传。

安徽，因其独特的地理位置、自然条件和人文环境，古代科学技术成就辉煌、影响深远，现代科学技术人才辈出、硕果累累，在中国科学技术发展和创新进程中占有非常重要的位置。

（一）古代安徽科技文明

安徽发现原始社会的文化遗存。根据考古研究，在安徽境内发现了许多石器时代的文化遗存。其中，繁昌人字洞遗址、和县猿人遗址具有重要的历史价值。繁昌人字洞遗址保存有石器、骨器等早期古人类文化遗址，距今约有 200 万至 240 万年，是迄今为止所发现的亚欧大陆最早的人类文化遗存。和县猿人遗址出土了一具距今有 20 万年至 30 万年前旧石器时代的猿人头盖骨化石，这是中国迄今发现并保存最完好的猿人头盖骨化石，被命名为"和县猿人"。同时还发掘出了一块经火烧焦的兽骨，这表明和县猿人已经取得了人类社会的一个"有决定意义的进步"——学会火的使用，脱离了人类蒙昧时代的低级阶段。从此以后，安徽的先民们从事着艰辛的劳动，不断积累生产经验，提高劳动技能，革新生产工具，逐步获得了关于自然的知识，揭开了科学技术发展的序幕。

安徽是道家学说的发源地。道家学说的创始人老子和其后的庄子，都是古代的"蒙人"。当时的"蒙"地，即今安徽与河南毗邻的淮北地区。老子和庄子提出了朴素的唯物主义观点，认为世界万物是由某种基本物质构成的。老子把这种基本物质称为"道"，他在《道德经》中说："道生一、一生二、二生三、三生万物。"庄子认为这种基本物质是"气"，他在《知北游》中说："通天下一气耳。"庄子与惠施在凤阳附近的濠水之上有一场著名的辩论，涉及许多自然科学论题，其中不乏著名论断。如"一尺之锤，日取其半，万世不竭"，包含了"无限"的思想。《庄子·天下篇》里引述的"簇矢之疾，而有不行不止之时"，蕴含着辩证法思想。

先秦至宋元时期，安徽科学技术成就辉煌。从先秦到宋元时期，安徽科学技术的发展大致经历了三个阶段，即春秋战国以前的知识积累阶段，秦至南北朝时期的科学技术初步发展阶段和隋、唐、宋、元时期的科学技术水平进一步提高阶段。在这一漫长的历史时期内，安徽科学技术取得了许多重要的成就，在采矿和冶炼、天文历法、农田水利、中医药学等方面成就突出。

在采矿和冶炼方面，安徽一直是我国重要的矿冶基地之一。1978年含山县出土了一只炼铜的坩埚——"将军盔"，属于夏代中期的历史遗迹。这表明安徽先民当时已经掌握了炼铜技术。到汉代，皖南铜陵、南陵一带的铜矿规模之大，实属罕见，至唐宋时期，一直是我国重要的铜矿开采和冶炼基地。此外，安徽冶铁、炼钢技术也很发达，到南宋初年，芜湖已经成为全国炼钢中心，素有"铁到芜湖自成钢"之说，民间至今还流传着干将、莫邪在芜湖炼钢铸剑的故事。

在天文历法方面，安徽古代科学家有许多重要贡献。汉代淮南王刘安主编的《淮南子》，记载了大量天文历法知识。生活在两汉之际的我国著名天文学家桓谭和三国时期天文学家王藩都在天文学方面卓有建树。

在农田水利方面，安徽古代科学家作出突出贡献。春秋战国时期，各诸侯国都重视农业，大兴水利建设。公元前 6 世纪初，楚国政治家孙叔敖带领当地人民在今寿县以南兴修的芍坡（今名"安丰塘"），是中国现存最古老的大型蓄水灌溉工程，至今仍在发挥作用，该工程被列入世界灌溉工程遗产名录。三国两晋南北朝时期，安徽江南地区开始有了水利工程，沿江地区出现了利用、改造洼地的圩田，如芜湖境内的咸保圩和宣城境内的金宝圩。到了宋代，安徽兴建圩田进入鼎盛时期，不仅数量多、规模大，而且结构合理，修筑技术相当完善。长江沿岸，巢湖四周，圩圩相接，"皆濒江临湖，号称沃壤"，"天下无江淮，不能以足用"。江淮地区在宋代已经成为重要的粮食产地之一。

在中医药学方面，安徽研究应用历史悠久，东汉时期成就最为突出。有名可考的医学家有沛国谯人（今亳州市）华佗及其弟子李当之、吴晋、樊阿等，其中成就最大的当推华佗。华佗淡于名利，立志以医济民，擅长针灸，精于药方，提倡体育锻炼健身之法，首创"五禽之戏"，享誉海内外。

明清时期，安徽科学技术呈现繁荣景象。唐代中晚期以后，中国经济中心南移。明代崛起的徽商，行贾半个中国，商业资本十分雄厚。安徽在商业活动的基础上，出现了资本主义的萌芽，促进了科技、文化、教育事业的发展和思想的进步。因此，在我国科学技术缓慢发展的明清时期，安徽科学技术领域却人才辈出，成果丰硕，学术思想活跃，呈现出繁荣景象。从明清中叶到 1840 年前后，安徽著名科学家有朱橚、程大位、朱载堉、汪机、方以智、梅文鼎、梅珏成、江永、戴震、汪莱、罗士琳等。他们的学术成就遍及数学、天文学、物理学、植物学、声律学、医学以及农田水利、机械制作、建筑、印刷等诸多科学技术领域，其中有许多成就产生了很大的影响。例如，闻名全国的新安医派人才济济，著述宏富，多有发明。又如，以梅文鼎为代表的安徽数学学派，学术上主张"溶治中西",力求"会通",代表了中国 17、18 世纪前后 150 余年数学研究的方向,在中国数学史上占有非常重要的位置。

（二）近代安徽科技发展

1840 年鸦片战争以后,中国一步步沦为半殖民地半封建社会。1876 年英国侵略者在强迫清政府签订的《烟台条约》中,规定开芜湖为通商口岸,并把安庆、大通作为准许外国轮船停泊的所谓"寄航港"。1902 年,增辟租界后,英、日、美等国资本家先后在安徽开设洋行。

在百余年间的半殖民地半封建社会里,安徽境内水旱灾害不断,战事频仍,经济比较落后,文化教育事业也欠发达,科学技术发展步履维艰。一批热心科学事业的有识之士,抱着"科学救国""实业救国"的良好愿望,潜心研究。他们"师夷长技以制夷",甚至背井离乡,远渡重洋,学习西方现代自然科学和应用技术。他们的努力虽然没有也不可能改变近代安徽科学技术落后的局面,但对传播现代科学技术起到了一定的作用。

从 19 世纪末到 20 世纪初,安徽对中国近代工业的发展作出了重要的贡献。我国第一艘轮船于 1864 年在安庆试制成功,连接长江裕溪口和淮南煤矿的"淮南铁路"于 1935 年底建成。这一时期,安徽科技工作者也积极投身于我国近代工程科学技术的研究工作,在非常困难的条件下,为祖国近代工业的发展作出了重要贡献。

1861 年,曾国藩（1811—1872）在当时的安徽省会创办安徽安庆内军械所,成为我国兴办的第一个近代军事工厂。安徽安庆内军械所在中国科学技术发展史上一直备受人们关注。它不仅生产火药、子弹、洋枪、洋炮等,还研制出我国第一艘蒸汽推动的轮船,为我国造船史写下了崭新的一页。

1865 年,安徽合肥人李鸿章（1823—1901）先后在上海建成了江南机械制造总局，在南京建成了金陵机器制造总局，主要制造轮船和枪支弹药。

1908年8月，祖籍清代安徽婺源（今属江西省）人詹天佑（1861—1919）主持修建的京张铁路建成通车。它是我国完全由中国人自己设计、用本国资金建成的第一条铁路。

1936年秋季，安徽绩溪人程士范（1892—1960）主持修建的淮南铁路正式通车。全线214公里，加上支线，共300多公里。全路所有技术指标都达到设计要求，是当时世界上建设速度最快、造价最低的铁路，引起了国内外的关注。

在近代工程技术领域，安徽人还在矿山开采等方面作出了重要贡献。1877年贵池创办池州煤矿，这是安徽最早使用机器开采的煤矿。辛亥革命后，大通煤矿建成，这是淮南第一座近代矿井。

清末民初，安徽有不少学者致力于科学思想的传播。桐城人吴汝纶积极帮助严复翻译《天演论》。怀宁人陈独秀和桐城人房秩五于1904年创办《安徽俗话报》，致力于科学知识的传播。1915年，陈独秀主编的《青年杂志》（1916年9月第2卷更名为《新青年》），高举科学大旗，反对迷信和盲从，在国内产生了广泛的影响。此外，阜阳人丁绪贤和怀宁人王星拱在英国留学时发起成立"中国科学社"，对推动我国科学事业的发展起到了积极作用。

（三）现代安徽科技发展历程

中华人民共和国成立以来，安徽科技创新发展进入历史最繁荣时期，形成较为完整的科技创新体系，大体可划分为三个阶段。

1. 以科技体系创建为主的起步期（新中国建立初期—1978年）

1956年始，安徽省一批经济社会发展急需的专业科研机构开始陆续建立，科技队伍迅速壮大，群众性科技活动高潮迭起。1962—1965

年，安徽省科技事业处于平稳发展时期。1966—1976年十年"文化大革命"，使得安徽科技事业处于停滞阶段。1977年9月，中共安徽省委作出抓紧科技战线整顿、落实知识分子政策、恢复安徽省科学技术委员会等6项决定。同年10月，中共安徽省委、安徽省人民政府召开了"文革"后安徽省第一次科技工作会议，全面部署科技工作。之后，又批准恢复"文革"中被撤销或遭破坏的科技管理机构、科研机构以及群众科技团体，并参与组建中国科学院合肥分院。1978年，安徽省积极落实知识分子政策、平反冤假错案，调整用非所学的知识分子工作岗位，安徽省6300多名大学毕业生中有85%调整了工作。这一时期，安徽省的科技工作经历了科技体系创建、破坏、调整与恢复的曲折历程，科技对经济社会发展的推动作用得到了一定程度的重视。

这一时期，安徽水利建设成就突出。安徽地形和气候情况复杂，洪、涝、渍、旱自然灾害频繁。1950年，毛主席发出"一定要把淮河修好"的号召，根据"蓄泄兼筹，以达根治之目的"的治淮方针，先后修建了一系列水利工程，以减轻水害。20世纪50年代在淮河支流上游先后建起了佛子岭、梅山、磨子潭、响洪甸四大水库。其中佛子岭水库连拱坝是全国第一座钢筋混凝土连拱坝，梅山水库钢筋混凝土连拱坝坝高88.24米，是当时世界上最高的连拱坝。这些大型水库的建设，不仅拦蓄了洪水，开发了水电资源，还培养出一大批能够解决复杂问题的科技人才。1958年开始动工兴建的淠史杭灌区工程，是一个蓄、引、提并举，渠、库、塘、站联合运用，大中小工程相结合的"长藤结瓜"式灌溉系统。这项大型水利工程能够为皖豫两省1198万亩农田提供水源，是全国三个特大型灌区之一。

2. 以科技体制改革为重点的加速期（1978—2005年）

1978年12月，党的十一届三中全会召开，促使安徽省科技工作转入服务经济建设的轨道。1980年，中共安徽省委批转了省科委《关于国民经济调整期间科技工作部署的报告》。次年初，安徽省安排的科技项目中，应用研究和技术开发项目占95%以上。1985年3月，中共中央《关于科技体制改革的决定》揭开了全面推进科技体制改革的序幕。在这一时期，安徽省科技体系得到全面恢复，科技工作步入正常发展轨道。1978年，安徽有277项优秀科技成果在全国科学大会上获奖。1980—1987年，共有76项优秀科技成果获得国家自然科学奖、国家发明奖、国家科技成果奖和国家科技进步奖，还有多项成果得到了国务院有关部委的奖励。1992年6月，安徽省召开全省科技工作会议，中共安徽省委、安徽省人民政府作出《关于依靠科技进步，推动经济发展的若干问题的决定》，随后又于1994、1995年连续两次召开全省科学技术大会，作出了《关于促进科技经济一体化的决定》，制定了《关于贯彻〈中共中央、国务院关于加速科学技术进步的决定〉的实施意见》。1996年中共安徽省委、安徽省人民政府正式提出"科教兴皖"战略，科技工作的重要性和地位得到进一步提升。"十五"期间，安徽省不断深化科技体制改革，科技综合实力显著增强，科技进步对经济社会发展的支撑和引领作用日益显现。全省高新技术产业迈上了新台阶，营业总收入2005年达到1100亿元，年均增长27%，是2000年的3.3倍。全省大中型工业企业累计开发新产品近万项，科技活动经费支出年均增长35%，涌现出奇瑞汽车、合力叉车等一批坚持自主创新的骨干企业。这一时期安徽省科技工作主要是调整科技发展战略、深化科技体制改革，依靠科技进步促进经济发展的战略思路进一步明确。

这一时期，安徽基础科学和应用技术领域硕果累累。安徽在数学、物理学、化学、天文学、地球科学、生物科学、医学、工程技术等基础科学和应用技术领域都取得了显著成就。例如，从合肥开始的中国同步辐射研究，对于促进科学技术和高科技产业的发展起到了重要作用。1978年初，中国科学院决定由中国科学技术大学筹建我国第一台同步辐射光源。1981年完成物理设计和预制研究。1983年4月8日，国家计委批准立项建造，并直接把实验室定名为"国家同步辐射实验室"，规定其为"国家级的共用实验室"。这是国家批准建设的第一个国家实验室，中国的国家实验室的概念从这里开始。1989年4月26日，合肥同步辐射光源建成出光。1991年，通过国家鉴定和验收，主要性能指标达到国际同类光源的先进水平。

3. 以自主创新为核心的繁荣期（2006年至今）

2006年4月，安徽省召开全省科学技术大会，中共安徽省委、安徽省人民政府作出"走创新型崛起之路，建设创新型安徽"的战略部署，印发了《安徽省科技发展"十一五"规划纲要及2020年远景展望》。随后，又出台了《关于实施科技规划纲要，增强自主创新能力的意见》。在现代高科技领域，中国科学院等离子体物理研究所在合肥建成了"全超导托卡马克（EAST）核聚变实验装置"，并于2006年9月28日成功地进行了首次高温等离子体放电试验。这标志着世界上新一代核聚变装置已经在中国建成。2008年1月，胡锦涛总书记在视察安徽时指出："安徽教育资源比较丰富，科技实力比较强，应该在自主创新方面有更大的作为。" 2008年10月，中共安徽省委、安徽省人民政府全面启动合芜蚌自主创新综合试验区（以下简称合芜蚌试验区）建设。2011年7月，国家批准合芜蚌试验区参照中关村国家自主创新示范区开展企业股权和分红激励试点，并适用与之相关的政策；合芜蚌试验区与北京中关村、上海张江、武汉东湖示范区作为"3+1"试验示范区序列，被列入国家"十二五"科技发展规划和国家自主创新能力建设规划，标志着合芜蚌试验区建设进入崭新阶段。2013年12月，科技部原则同意《安徽省创新型省份建设方案》，这标志着安徽继江苏之后成为全国第二个开展创新型省份建设试点工作的省份。2016年6月，国务院先后批复同意合芜蚌高新区建设国家自主创新示范区和安徽省系统推进全面创新改革试验，赋予安徽为全国科技创新探路的重大使命。2017年1月，合肥综合性国家科学中心建设方案获批，这是继国家批准上海之后全国第二个建设的国家科学中心。在这些年发展历程中，无论外部发展环境怎么变化，安徽都始终把创新作为发展的第一动力，矢志不渝推进创新。

这一时期，安徽充分发挥综合优势，大力实施创新驱动发展战略，创新成效十分明显。截至 2016 年底，安徽已拥有 110 所普通高校、4000 余个各类科研机构、近 1000 家省级以上企业技术中心，合肥是除北京以外国家大科学工程最密集的城市；区域创新能力连续 5 年居全国第 9 位、中部省份第 1 位，科技进步对经济增长贡献率达 55%，每万人口发明专利拥有量达到 6.37 件；战略性新兴产业产值占工业产值比重提高到 23.3%，高新技术产业占规模以上工业比重接近 40%，高新技术企业总数接近 4000 家。"抓创新就是抓发展、谋创新就是谋未来"已经成为全省上下的自觉追求和行动。

二、全面建设科学中心和产业创新中心

（一）建设合肥综合性国家科学中心

2017 年 2 月 27 日，中共安徽省委、安徽省人民政府召开动员大会，全面部署推进合肥综合性国家科学中心建设。这是安徽以新发展理念统领发展全局、实施创新发展行动取得的重大进展，标志着安徽在全国创新大格局中占据了重要地位，成为代表国家参与全球科技竞争与合作的重要力量，已成为安徽创新发展的标志性工程。

建设合肥综合性国家科学中心，就是聚焦科技前沿发展需要，围绕信息、能源、健康、环境等领域，统筹核心层、中间层、外围层、产生一批具有世界影响、催生高端产业的原创性成果，为科技、产业持续发展提供源头创新支撑。发挥高校院所学科优势，调整学科布局，集聚创新资源，搭建知识创新平台，提升基础研究和应用研究能力。

加快共性技术研发圈构建。立足安徽优势学科和产业特色，联合中国科学技术大学、中国科学院合肥物质科学研究院、合肥工业大学等优势创新单元，优化整合创新资源，建设中部地区基础研究中心和一批国家级共性技术研发平台，取得一批突破性原创技术成果。加快建设提升现有创新平台，创建洁净能源国家实验室合肥分中心、联合微电子中心、离子医学中心、智慧能源集成等重大产业创新平台，支撑新一代信息技术、集成电路、高端医疗、新能源等新兴产业发展。实施先进技术推广合作伙伴计划，加速相关科技成果转移转化及产业化。

（二）创建产业创新中心

创建有影响力的产业创新中心是安徽省系统推进全面创新改革试验提出的"两大中心"建设目标之一。如果合肥综合性国家科学中心建设是产业创新中心建设的源头，那么产业创新中心建设就是合肥综合性国家科学中心建设成果的重要体现。创建有影响力的产业创新中心就是要加快推动安徽从制造大省向制造强省跨越，这是遵循经济规律、实现安徽更高水平发展的必然要求，是推进供给侧结构性改革、振兴实体经济的关键之举，是抢抓发展机遇、赢得发展主动的紧迫任务，是强省之基、兴省之要。为加快推动制造强省建设，中共安徽省委、安徽省人民政府召开全省制造强省建设大会，出台《安徽省制造强省建设实施方案（2017—2021年）》。安徽以推进供给侧结构性改革为主线，以五大发展行动计划为主抓手，以高端化、智能化、绿色化、精品化和服务化为主攻方向，大力实施中国制造2025安徽篇推进工程，推动实现制造业整体实力、创新水平、融合能力、质量效益、品牌影响五个方面新跨越，打造安徽制造"升级版"。

强技术，推动创新发展。培育创新主体，强化企业创新主体地位，支持企业加大科技创新投入，加快在核心技术和关键产品上取得突破，激发企业创新活力。加速成果转化，深化科技成果使用、处置和收益权改革，充分释放高校、科研院所等创新活力，全面盘活创新资源，打造产业技术联盟。强化资本对接，大力发展天使投资、风险投资、产业基金等资本市场。建立和完善捕捉寻找、路演展示、合作推介等平台，形成金融资本与技术和产业的无缝对接。推动产业形成，围绕产业链，部署创新链，推动科技成果产业化发展。

强基础，补齐工业短板。围绕核心基础零部件、关键基础材料、先进基础工艺和产业技术基础等工业"四基"薄弱环节，组织实施工业强基工程。"一揽子"突破，成体系解决重点领域标志性基础产品、技术和工艺，建设一批"四基"研究中心，突破核心基础零部件、关键基础材料、先进基础工艺的工程化、产业化瓶颈。"一条龙"应用，支持整机和零部件上下游合作，推动核心基础零部件、先进基础工艺、关键基础材料的首批次、跨领域示范应用。打造一批服务平台，针对重点领域和行业发展需求，建立产业技术基础服务体系。培育一批强优企业，打造"四基"领域的单项冠军。

强链条，推动高端升级。培育高端制造，围绕有特色、有优势和战略必争领域，培育新一代电子信息、高端装备、智能家电、新能源汽车、新材料、节能环保、生物医药和高性能医疗器械等高端制造业。改造提升传统产业，坚持改革、改组、改造结合，推动技术、产品、管理创新，推进冶金、化工、建材、纺织、食品加工等传统产业新一轮技术改造升级，实现集约、绿色、可持续发展。促进产业融合，通过产业链上下游延伸，行业内外整合，促进一二三产协同发展，制造业与现代农业、生产性服务业融合发展，促进全产业链转型升级。

强品质，抢占竞争高地。实施质量品牌升级工程，加强质量和品牌服务平台建设，完善基础体系，建立检验检测技术联盟和公共服务平台。推广卓越绩效、精益生产等先进质量管理方法，建立质量标准和管理体系，创建一批国家质量技术标杆。实施标准化战略，鼓励和支持企业、科研院所、行业组织等参与国际、国家和行业、团体标准建设。实施增品种、提品质、创品牌"三品"行动和"精品安徽"战略，打造一批安徽工业精品和安徽名牌产品。建设品牌文化，树立品牌意识，培育精益求精的工匠精神，增强以质量和信誉为核心的品牌软实力，促进安徽品牌向中国品牌、世界品牌转变。

强人才，形成要素集聚。以需求为导向，引导具备条件的高校向应用型转变，加快培养一批产业急需的高素质创新人才。加快发展现代职业教育，促进技术技能人才培养与企业需求无缝对接，培养和造就一批高素质产业工人。大力弘扬企业家精神、发挥企业家才能，培养和造就具有创新精神的企业家队伍。创新人才引进、使用和培养机制，强化股权、期权、技术分红、税收优惠、住房教育等方面政策激励。努力营造尊重知识、重视人才、支持创业创新的生态环境。

三、启动实施三个"一号工程"

（一）科技创新"一号工程"：争创量子信息科学国家实验室

习近平总书记在十八届五中全会上，就《中共中央关于制定国民经济和社会发展第十三个五年规划的建议》作说明时指出，当前我国急需以国家目标和战略需求为导向，瞄准国际科技前沿，布局一批体量更大、学科交叉融合、综合集成的国家实验室，优化配置人财物资源，打造聚集国内外一流人才的高地，组织具有重大引领作用的协同攻关，形成代表国家水平、国际同行认可、在国际上拥有话语权的科技创新实力，成为抢占国际科技制高点的重要战略创新力量。

2016年4月26日，习近平总书记在中国科学技术大学先进技术研究院考察时，对量子通信研发工作给予肯定，并说"很有前途、非常重要"。

量子信息科学是具有战略性、前瞻性和基础性的新兴科技，安徽省在量子信息科学创新领域拥有国际水准的量子信息团队，在量子通信和量子计算等领域产生了一批世界前沿科技成果，为创建量子信息科学国家实验室奠定了坚实基础。从2003年起，中国科学技术大学潘建伟团队就在国际上率先开展远距离自由空间量子通信实验研究，先后实现16公里级自由空间量子隐形传态、100公里级自由空间量子隐形传态和双向量子纠缠分发、星地量子通信的全方位地基验证等重要实验。2016年8月16日，由中国科学技术大学主导研制的世界首颗量子科学实验卫星"墨子号"成功发射升空，这是量子通信技术发展的重要里程碑。截至2016年底，由中国科学技术大学牵头承担的"京沪干线"广域量子通信骨干网络工程，已建成连接北京、上海，贯穿济南、合肥等地，全长约2000公里大尺度量子通信技术验证、应用研究和应用示范平台。

基于上述重大研究进展，安徽省将创建量子信息科学国家实验室作为合肥综合性国家科学中心的重要基石和科技创新"一号工程"，以服务国家战略为目标，聚焦量子信息科技及其相关领域方向，依托中国科学技术大学先进技术研究院量子通信"京沪干线"及"量子科学实验卫星"合肥总控中心两大国家重大专项战略性平台，统筹全省、聚集国内外优势科研力量，完善多元化和多渠道投融资机制，组织具有重大引领作用的协同攻关。

2017 年 7 月，中共安徽省委常委会审议通过《中共安徽省委、安徽省人民政府关于支持创建量子信息科学国家实验室的意见》，中国科学院量子信息与量子科技创新研究院在合肥揭牌正式成立。量子信息与量子科技创新研究院服务于国家信息安全保障、计算能力提高等重大需求，攻克我国在量子通信领域实用化、规模化、市场化应用的技术瓶颈，构建全国乃至全球范围的量子通信网络体系，探索可实用化的量子计算和量子精密测量。

量子信息与量子科技国家实验室核心区一期规划图

（二）先进制造业"一号工程"：江淮汽车与大众汽车"联姻"

为贯彻落实《中国制造 2025》，安徽省政府陆续出台《中国制造

2025安徽篇》和《安徽省制造强省建设实施方案（2017—2021年）》，加快推进制造强省建设。新能源汽车作为安徽省推进先进制造业发展、建设创新型现代产业体系的一项重要战略部署，有利于全面提升新能源汽车制造的技术实力、制造能力、品牌影响力，进而对全省汽车产业乃至制造业的转型升级发挥战略性牵引作用。

江淮汽车从2002年就开始内部立项进行新能源汽车项目研发，2007年确定走电动汽车研发的路线，历经十年七代迭代研发，掌握了纯电动汽车核心技术，不断完善在新能源产品研发、投产、投放等相关环节的体系建设。截至2016年底，江淮汽车累计销售各类新能源汽车4.7万辆，其中，纯电动轿车累计销售3.6万辆，累计运行里程突破6亿公里。

早在2002年，江淮汽车就向德国大众表达了合资的强烈意愿，期间一直与大众保持着紧密联系。2015年10月30日，李克强总理在参观江淮新能源汽车时，表示愿意为江淮汽车和大众汽车合作成立合资公司搭线。2016年9月，江淮汽车与大众汽车签署合资合作谅解备忘录，双方拟以新能源汽车产品为基础，成立一家合资公司。安徽省随之将江淮汽车与大众汽车合资生产纯电动乘用车项目列为先进制造业的"一号工程"，并于2017年5月获得国家发改委核准，项目初期总投资50.6亿元，其中固定资产投资29.5亿元。2017年6月1日，中德峰会期间，在国务院总理李克强和德国总理默克尔的共同见证下，江淮汽车与大众汽车集团于德国柏林

江淮汽车与大众汽车集团签署合资企业协议

正式签署合资企业协议，合资公司定名"江淮大众"，总投资 60 亿元，年产能将达 36 万辆；合作双方将共同成立一家股比各占 50% 的合资企业，进行新能源汽车的研发、生产和销售并提供相关移动出行服务。

江淮大众合作项目，是首个中外合资新能源汽车项目，也是中德合作的标志性成果，是安徽参与"一带一路"建设，实施开放发展行动的重大成果，在安徽省对外开放和发展进程中具有重要的里程碑意义。

（三）水利"一号工程"：引江济淮

引江济淮工程，是党中央、国务院决策实施的 172 项加快推进的重大水利工程之一，是皖豫两省的重大民生工程，也是中共安徽省委、安徽省人民政府依靠科技创新和进步，运用科学治水理念和先进技术，缓解经济社会发展与水资源、水环境承载能力之间突出矛盾的战略举措。历经半个多世纪的规划论证、反复比选，经国务院批准，国家发改委于 2016 年 12 月 13 日正式批复引江济淮工程可研报告，标志着引江济淮工程前期工作取得历史性进展。

安徽省将引江济淮工程作为"一号水利工程"，并于 2016 年 12 月 29 日在肥西县派河口泵站枢纽建设工地举行引江济淮工程建设动员大会。根据可研批复，引江济淮工程任务以城乡供水和发展江淮航运为主，结合灌溉补水和改善巢湖及淮河水生态环境。引江济淮工程，从长江下游引水，经巢湖，穿越江淮分水岭，向淮河中游地区补水，可有效解决沿淮、淮北地区及输水沿线工业和城乡生活供水不足问题，补充农业灌溉用水；部分输水渠段结合航道建设，将形成连接长江、淮河两大流域的第二条水运通道，有利于完善内河航道布局，优化区域综合交通运输体系；实现长江与巢湖的水量交换，加快巢湖水体流动，提升湖区水环境容量，促进淮北地区地下水压采和退还被挤占的生态

引江济淮工程示意图

环境用水，具有显著的供水、航运、生态等综合效益，对促进区域经济社会可持续发展和水生态文明建设具有重要意义。

创新是引领发展的第一动力，大创新大发展，小创新小发展，不创新难发展。安徽正乘着科技体制改革的春风，坚定地把创新发展作为主战略，奋力向全国更具影响力的创新高地迈进。

开创农村创新
改革先河

1978 年，小岗村"大包干"拉开了中国改革开放的序幕；2000 年，安徽率先开展农村税费改革试点；2005 年，安徽开展农村综合改革试点。安徽以敢为天下先的创新精神，一次又一次谱写了我国农村改革的新篇章，正如我国改革开放的总设计师邓小平所言："中国的改革是从农村开始的，农村的改革是从安徽开始的。"

一、敢为天下先的"大包干"

　　安徽是中国农村改革的发源地。在这片沃土上，孕育出很多彪炳史册的创新案例，也涌现了很多功绩卓著的创新人物。这其中，以改革开放之初一群富有创新精神的凤阳小岗村村民为代表，他们冒着巨大的政治风险，创造性地实行包干到户。这一创举，既激活了当地农村活力和农业生产力，又打破了当时很多人思想上的禁锢。他们探索家庭联产承包责任制取得的成绩，让人们看到，实践是检验真理的唯一标准，社会主义公有制也可以创新形式和手段。

　　这群人，他们敢闯敢试、敢为人先的创新精神，解放思想、求真务实的求是精神，风险共担、艰苦创业的拼搏精神，尊重民意、以人为本的民主精神，被称为"大包干"精神。这种精神，是安徽农村改革历史中浓墨重彩的一笔，也是安徽今天大力开展科技创新、下好创新"先手棋"重要的精神财富和思想源泉。

（一）创新不是无源之水

　　1978 年 11 月 24 日，小岗村 18 位村民冒着坐牢杀头的危险，以"敢为天下先"的胆识，在"包产到户"的契约上按下了红手印，开创性地实行分田到户、搞责任制。在当时中共安徽省委的支持下，顶着各方对于"大包干"的批评和压力，小岗村坚持创新不动摇，用实践回应各种认识。他们不仅超额完成国家粮食征购任务，也让小岗村从过

"我们分田到户，每户户主签字盖章，如以后能干，每户保证完成每户的全年上交和公粮。不在（再）向国家伸手要钱要粮。如不成，我们干部作（坐）牢割（杀）头也干（甘）心，大家社员也保证把我们的小孩养活到十八岁。"

"We allocated plots of land to households and the head of every household signed and sealed. If we succeed and every household guarantees to hand in the annual amount of grains and agricultural tax paid in grain and no longer ask the country for money and grains. If we fail, we cadres would be willing to be jailed and even to be decapitated and the commune members would assure us that they would bring our children up until they are 18."

小岗村 18 位村民"包产到户"契约

去的"讨饭队"翻身成为农村生产有活力、农民肚子能填饱的"丰收村"，一时间成为中国农村改革的典型，也从此拉开中国农村改革的序幕。

1．"省委六条"吹响安徽农村改革的号角

1976 年，"四人帮"被打倒，万里同志被中共中央派来主政安徽。刚到安徽，万里立即深入全省各地、田间地头开展实地调研，在目睹安徽严重的农村问题后，他认识到，人民公社体制的僵化和农业学大寨极左的"做法"，已经严重束缚了安徽农业生产和农民生活，必须另寻新的出路。1977 年 11 月，中共安徽省委召开全省农村工作会议，通过《关于当前农村经济几个问题的规定（试行草案）》，简称"省委六条"。"省委六条"的主要突破在于，尊重生产队的自主权，落实按劳分配制度，减轻生产队和社员负担，允许和鼓励社员经营自留地和家庭副业。"省委六条"公布后，立即在安徽各地引起强烈反响。邓小平同志看到后，大加赞赏并提出"农村的路子要宽一些，思想要解放"。站在今天再看"省委六条"，很多规定已经习以为常甚至成为大家的共识，但是在当时就是向"左"的政策宣战，许多规定突破了长期无人逾越的禁区。可以说，"省委六条"是以万里同志为领导的中共安徽省委，凭着对人民群众高度负责的态度和巨大的政治勇气，制定出台的一份关于安徽农村政策的开拓性、创新性的文件。

2. 肥西小井庄率先走出"包产到户"新路子

1978 年 9 月,肥西县山南区山南公社小井庄生产队率先在全国实行"包产到户",成为中国家庭联产承包责任制的发源地之一。当时"包产到户"在安徽也不是"一枝独秀"。1978 年秋,安徽滁州来安县也开始行动,到 1979 年春,全县已有 34 个生产队偷偷实行了"包产到户"。"包产到户"与后来小岗村出现的"大包干",本质上是一致的,即社会主义公有制下的按劳分配制度和农业生产责任制。而不同在于,"包产到户"是先承包、后算账,即农民承包土地后,生产的粮、油、棉等上缴生产队,生产队将上缴国家和集体提留剩余的部分,按各户的产量再统一分配;"大包干"则是先算账、后承包,农民承包土地前就和生产队签订契约,农民按契约约定上缴国家和集体提留部分后,剩下全归自己所有。这都在昭示着安徽农村改革正在进入深水区,谱写了一段中国农村改革传奇。

(二)创新不会一帆风顺

2013 年 12 月 26 日,习近平总书记在纪念毛泽东同志诞辰 120 周年座谈会上的讲话中提到,"人世间没有一帆风顺的事业。综观世界历史,任何一个国家、一个民族的发展,都会跌宕起伏甚至充满曲折"。小岗村"大包干"的创新之路也是如此。

1. 一场大旱逼着小岗人创新

1978 年,安徽遭遇百年一遇的特大旱灾。全省 6000 多万亩良田受灾,400 多万人和 20 多万头牲畜饮用水严重困难,全省粮食严重减产,农民口粮所剩无几,有些农民被逼外出讨饭求生。更为严重的是,干旱致使秋种无法进行,直接影响下一年收成,农民生活更加困难。位于安徽省滁县地区(现滁州市)的凤阳县小岗村,也受灾严重。

小岗村生产队是凤阳县有名的穷队之一,小岗村也是典型的"三靠村"（吃粮靠返销，用钱靠救济，生产靠贷款）。在当时全国搞"大呼隆"、吃"大锅饭"的人民公社体制下，小岗村年年粮食歉收，社员一穷二白。到1978年，全村只剩下20户村民。因此，这场旱灾更是让他们雪上加霜，被饥饿折磨的小岗人终于按捺不住要去创新求变。

2. 一张契约按下改革宣言

当年小岗村村民在这间土坯房里
按下了"大包干"的红手印

1978年11月24日，一个初冬的晚上，小岗村18户户主聚在一起，商量如何填饱肚子的问题，大家一致同意分田到户。但是，这一想法在当时和人民公社体制严重相违，存在"走资本主义路线"的政治嫌疑，很多地方想干但是没干，也是担心被扣上这样的帽子。面对可能定罪坐牢的风险，18户小岗村村民以中国最传统的形式，写下"生死契约"，按下红手印。在契约中，他们不止确定了分田到户和上缴公粮的做法，也托付了后事。这种今天看来既原始又冲动的尝试，从根本上改变了平均主义的分配方式，彻底激发了农民的积极性和创造性，而这一纸契约，不仅是小岗人穷则思变、风险共担的精神主张，也谱写了中国农村改革的第一份宣言。

3. 一封来信引来多方非议

小岗人说干就干，土地、牧畜、农具一一分到各户。在1979年，小岗村就取得粮食总产6.6万公斤（1966年到1970年五年的总和）、油料总产1.75万斤（过去20多年的总和）的优异成绩。但是，1979年3月15日，《人民日报》头版头条刊登题为《"三级所有、队为基础"应当稳定》的一封读者来信，批评国内出现的"分田包干"现象，而《人民日报》编者按也对此表示赞同并提出"正确贯彻执行党的政策，坚决纠正错误的做法"。这封来信又经中央人民广播电台广播，在全国掀起轩然大波，安徽"大包干"的创新做法一下子处于风口浪尖。中央有关部委和部分省主要负责同志坚持认为包产到户是错误的，一些报纸刊物严厉批判包产到户的思想，反对的声音不绝于耳，安徽各级领导和广大农民群众又陷入不安，本已涌起的改革热潮一下子降了温。

4. 一段讲话保护创新果实

正当安徽各界对"大包干"诚惶诚恐、停滞不前之时，1980年5月31日，邓小平同志在《关于农村政策问题》一文中，对"大包干"表示肯定："凤阳花鼓中唱的那个凤阳县，绝大多数生产队搞了大包干，也是一年翻身，改变面貌。"他强调，"有的同志担心，这样搞会不会影响集体经济。我看这种担心是不必要的。"邓小平的讲话，无疑给安徽"分田单干、包产到户"的创新之举吃下定心丸，也终结了围绕"大包干"持续已久姓"社"还是姓"资"的激烈争论。1980年9月，中央召开各省市自治区第一书记座谈会，通过了《关于进一步加强和完善农业生产责任制的几个问题》，文件明确提出"实行包产到户是联系群众、发展生产、解决温饱问题的一种必要措施，不会脱离社会主义轨道，没有复辟资本主义的危险"。这是一份具有历史意义的中央文件，它的意义在于，第一次正面评价了以"大包干"为典型的农村改革创新做法，也为日后稳定和完善家庭联产承包责任制、推动我国农村土地承包经营权改革奠定了坚实基础。

（三）创新不能止步不前

小岗村对于中国农村改革的探索实践以及其中蕴含的"大包干"精神影响巨大并广为关注，多位中共中央主要领导人亲临考察。

1998年，是改革开放20年。9月22日，江泽民同志来到小岗村考察，他说："在当年'一大二公'的环境下，你们敢于包干到户，是冒了很大风险的。你们靠的是实事求是的原则，靠的是改革的勇气，靠的是团结的力量，靠的是穷则思变的精神，说明路是人闯出来的。"2008年9月30日，胡锦涛同志来到小岗村，他也对小岗村过去不怕风险，首创的"大包干"的精神给予了高度评价。

2016年4月24日至27日，习近平总书记到安徽考察。4月25日下午，总书记专程来到小岗村。在"大包干"签字室，总书记感慨道："当年贴着身家性命干的事，变成中国改革的一声惊雷，成为中国改革的一个标志。"他强调，雄关漫道真如铁，而今迈步从头越。今天在这里重温改革，就是要坚持党的基本路线一百年不动摇，改革开放不停步，续写新的篇章。

2018年是改革开放40周年。40年来，在中国共产党几代人的努力下，我国发生了翻天覆地的变化，江淮大地也从过去的温饱走向小康和富强。40年来，"大包干"的实践不断被赋予新的内涵，逐步凝练成"大包干"精神。"大包干"精神，包含着改革和创新两方面的价值。改革，是"破"，是对旧的不合理的体制机制的不断挑战；创新，是"立"，是对新的符合发展规律和群众需要的体制机制的持续探索。"大包干"精神，和井冈山精神、长征精神、延安精神一样，已融于中华民族精神之中，在中国特色社会主义进入新时代的今天，依旧熠熠生辉。

"不创新不行，创新慢了也不行。"习近平总书记在2016年5月召开的全国科技创新大会上做了重要论述。"大包干"虽然过去40年，但是它的精神永不过时，特别是它包含的敢闯敢试、敢为人先的创新精神，依然激励着一代代江淮儿女沿着中国特色社会主义道路、朝着建设社会主义现代化强国的目标，不断创新，砥砺前行。

二、率先开展农村税费改革

"上下两千年，种地不要钱"，从探求税费改革的途径，逐步减轻农民负担，到最终免除农业税，是一个艰难、曲折而又漫长的过程。2000 年，安徽以率先改革的勇气、勇于创新的精神、强烈的历史使命感，先全国一步，举全省之力，实行农村税费改革试点，为减轻农民负担、构建和谐乡村积累了宝贵的经验，为全国彻底解决"三农"问题，提供了政策储备和理论储备。

（一）农村税改太和试水，改革创新摸索前行

20 世纪 90 年代，我国农业进入了新的发展时期，同时也出现了一些新情况、新问题。农民负担过重和征纳失序混乱等问题开始出现。一方面由于"大包干"的能量释放效应舒缓，农民收入增速放慢；另一方面由于地方政府机构膨胀，面向农民的收费、集资、罚款和各种名目的摊派越来越多，额度越来越大，农民负担沉重和征收混乱的问题迅速显露出来，严重侵犯了农民的经济权利、政治权利和社会权利，妨碍了农业和农村经济的发展，影响农村社会稳定。

20 世纪 90 年代初，阜阳地区的太和县农民负担过重问题十分突出。1992 年该县农民人均平均纯收入 878 元，而实际负担人均超过百元，在部分乡镇，农民税负甚至占到人均纯收入的 25% 以上。由于征收难

度大，因征税收费引发的干群冲突不断。1993年10月，太和县形成了《关于太和县农民负担税费改革意见的调查报告》，上报省政府。11月16日，省政府签发了《太和县农业税费改革试点方案》的批复文件，同意其在全省率先试水农民税费改革。1994年起，试点工作在全县范围展开。此项试点同时被农业部农村改革试验区办公室列为重点农村改革试验项目。

太和农业税费改革试点的主要做法有：

由分项征收改为合并征收。在全县范围内，将农民承担的农业税、农业特产税、村提留、乡统筹费与粮食定购任务由分项征收改为合并征收。

由征收货币改为征收粮食。正常年景，每年每亩地征收50公斤粮食，按中等粮食标准执行，一定三年不变，各乡镇不得随着人均纯收入、产值、粮价的提高增加农民负担。实物交纳有困难的，允许以货币代替。无耕地的村、组、农户可免交征收任务。农村特困户可减征或免征。

税费收缴由过去的基层干部常年挨门挨户催交催要改为由农民分季定期交送。农民凭农业税费征收任务到户通知单和农民负担监督卡，分季向粮站交送征收粮食。农业税费的计算由户、组、村、乡四级结算，

太和县赵庙镇赵庙村召开群众大会，颁发太和
县农业税费征收到户通知单

改为由乡统一结算。

太和县农村税费改革试点成效明显。改革前三年（1991—1993 年），该县农民平均每人每年的税外负担占人均纯收入的 12.06%。改革后三年，扣除农业税和农业特产税，农民的实际年平均税外负担占三年人平均年纯收入的 4.5%，比改革前减少了近三分之二。

（二）农村税改全省试点，改革创新步伐加快

在太和县以及阜阳市整体推进农村税费改革的同时，五河、怀远、濉溪、来安、望江等地，也先后在税费改革方面进行了有益探索。2000 年初，中央决定正式启动农村税费改革，减轻农民负担。考虑到安徽省在税改方面已经积累了一定经验，并且人口多、农业比重大，农业税费过重问题在全国具有典型意义，加上中共安徽省委态度积极，明确向中央表态愿意先行试点，最终中央决定，安徽以省为单位进行农村税费改革试点。

2000 年 3 月 2 日，中共中央、国务院颁发《关于进行农村税费改革试点的通知》，对安徽的试点工作进行了整体部署。继土地改革和"大包干"之后，农村的又一次重大变革，在江淮大地上演。

4 月 13 日，安徽省农村税费改革试点动员会议在芜湖召开，时任国务院副总理温家宝亲自到会作动员讲话，开宗明义地提出：税费改革，是新中国成立后我国农村继土地改革、家庭联产承包责任制后的第三次改革。

4 月 26 日，安徽省政府出台了经国务院批准的《安徽省农村税费改革试点方案》，确定了"减轻、规范、稳定"的指导思想，即从根本上治理对农民的各种乱收费，切实减轻农民负担；从分配制度上规范国家、集体和农民之间的分配方式；在减轻和规范的基础上，负担和制度一经确定就要保持长期稳定不变。

安徽农村税费改革的具体内容可归纳为"三个取消""一个逐步取消""两项调整"和"一项改革"。

"三个取消"是取消乡统筹，取消农村教育集资等专向农民征收的行政事业性收费以及政府性基金和集资（不含水费、电费等市场化收费的生产服务性收费），取消屠宰税。其中前两项改革前主要用于农村各项事业开支，如义务教育、计划生育等，取消后统一由财政供给。屠宰税过去实际上按人头收取，并不按实际是否有牲畜和是否屠宰，所以予以取消。

"一个逐步取消"是逐步取消义务工和劳动积累工。过去两工每年约 30 个，主要用于兴建小型农田水利工程或公益性工程。考虑到尚有一些在建工程，故将分三年逐步取消，以后小型公益性工程将实行一事一议，由村民自主决定。

"两项调整"一是适当调整农业税税率，从过去实际负担的土地常产的约 3% 调高到不超过 7%，实际上是把一部分过去不规范的乡村征收改为按税收征管办法征收，以弥补财政对农村事业方面的支出。二是调整农业特产税，主要内容是不再实行生产和流通环节重复征税，并适当调整税率。

"一项改革"是改革村提留的征收和使用办法，将过去的公益金和管理费改为农业税附加来征收，并且不超过农业税的 20%，过去的公积金则改为由村民一事一议自主决定。

（三）农村税改试点成功，改革创新意义深远

经过四年改革，安徽省农民负担大为减轻。2000 年，全省农民总的税费负担减少 16.9 亿元。2001 年与税改前相比，全省减少农民政策性负担总计 19.4 亿元；减少"两工"负担，按国家标准每个工值 6.8 元折合近 25 亿元。

新的农村税费制度框架基本确立。通过"三个取消""一个逐步取消""两个调整"和"一项改革"等政策措施的实施，基本确立了以农业税、农业特产税及其附加和"一事一议"筹资为主要内容的新的税费制度框架，征收项目由繁变简，农民负担由重变轻，征收环节由多变少，征收方式由乱变治。

农民发展经济的积极性明显提高。连续两年的税费改革，理顺了农民的情绪，也使广大农民得到休养生息，生产积极性较前提高，发展经济的能力有所增强。税费负担大幅下降使农业综合成本降低，激发了农民增加生产性投入的热情，农业投入明显增加。

党群干群关系进一步改善。农村税费改革从制度上、机制上减少了干群之间的直接冲突和矛盾，促进了基层干部作风的转变，维护了农村社会的稳定。2001 年，全省涉及农民负担的事件和信访量下降85％以上。

在安徽试点成功经验的基础上，2002 年，中央将农村税费改革试点扩大到河北、内蒙古、黑龙江等 16 个省、市、自治区。2005 年 12 月 29 日，全国人民代表大会顺利通过了《关于自 2006 年 1 月 1 日起废止〈中华人民共和国农业税条例〉的决定》。在中国实行了两千余年的"皇粮国税"终于成为历史。农村税费改革结束了以农养政、以农支工的历史阶段，开创了以工补农、建设现代农业和社会主义新农村的新时代。

三、全面推进农村综合改革

2005 年 6 月，中共安徽省委办公厅和安徽省人民政府办公厅联合发布《关于开展农村综合改革试点建立农村基层工作新机制的意见》，决定在全省每个市选择一个县进行农村综合改革试点。在此基础上，于 2007 年在全省范围内全面推开农村综合改革试点工作。

农村综合改革的核心内容是转变乡镇政府职能，建立农村基层管理新机制、农村公共产品供给新机制、"三农"社会化服务体系，改进农村工作考核评价办法。主要包括乡镇机构改革、县乡财政管理体制改革和农村义务教育管理体制改革。

（一）乡镇机构改革

安徽改革开放后的乡镇机构改革最早可以追溯到 2000 年。为配合农村税费改革试点，中共安徽省委、安徽省人民政府在 2000 年年重点对乡镇党政机构、事业单位精减人员编制作出了具体要求。各县市政府根据省里要求，积极精简机构，大力压缩财政供养人员，到 2004 年底，此轮改革基本完成。这一轮改革使乡镇机构膨胀趋势得到一定程度的遏制。

尽管第一轮改革在政府瘦身上成效明显，但原有政府结构体制上的矛盾并没有得到很好解决，乡镇政府管理范围过宽、管理方式不符合市场经济要求等问题仍然比较突出。2007 年起，安徽全面推进深化乡镇机构改革，要求各地在严守"三个确保"，即确保农民负担不反弹、确保乡镇机构编制和实有人员"十一五"期间只减不增、确保农村经济发展和社会稳定的前提下，重点围绕继续精简机构人员；转变机构职能，理顺县乡、乡村关系；创新乡镇运作机制；合理设置乡镇党政机构，严格控制乡镇领导职数；推进乡镇事业站所改革，切实增强为农服务能力开展工作。截至 2009 年底，安徽全省共精简乡镇党政机构 9800 个、行政编制 6500 名，精简乡镇事业单位 12000 个、财政供给事业编制 43400 名，妥善安置分流人员近 5 万人。

机构改革后，乡镇尽管"牌子减了，帽子少了"，但为老百姓提供公共服务的质量却大大提高。

2005 年开始，南陵县彻底改革以往"以钱养人"的财政投入机制，在农村公益性服务领域全面推行"以钱养事"，将乡镇"七站八所"整合，组建乡镇农业综合服务中心和镇计划生育服务中心，精减人员 180 人。结合乡镇特点和农民需求将涉农服务的公益性服务任务整合成若干个项目，通过公开招标的方式，由农业综合服务中心或者计划生育服务中心与社会上的专业服务机构一起公开竞标，通过竞争上岗，农民获得的服务质量大大提高。

亳州市谯城区将改革的重点引向打造服务型政府，创造了"为民服务全程代理制"，围绕"开展全程代理能不能使群众真正只跑一趟路、只进一个门、只找一个人就能把事办成"的思路，全面推行群众办事全程代理三级代理模式。经过近两年的努力，基本实现了服务项目明细化、代理流程规范化、全程监控智能化，有效解决了群众"办事难"的问题。2008 年，省委主要领导专门指示有关部门，要求在全省推广谯城经验，建立为民服务新机制。在当年举办的"安徽省新农村建设暨为民服务全程代理工作现场会"上，省领导和与会代表专门实地考察代理中心和各代理点，大家一致认为，"为民服务全程代理制"是农村基层党组织建设的一大创造，是乡镇机构改革的一大新亮点。

（二）县乡财政管理体制改革

税费改革只是规范了乡镇收入，若支出不规范，支出需求就会无限制膨胀，"以支促收"就在所难免。2001年，安徽省财政厅清查出拖欠乡镇人员的地方津（补）贴达40亿元，拖欠国家规定的工资20亿元。2004年，安徽省人大财经委对县乡财政情况进行调查发现，截至2003年底，全省乡镇共负债65亿元，平均每个乡镇负债达753万。

为解决乡镇财政面临的窘境，2003年，安徽省决定在全国率先对乡镇财政管理方式进行改革，选择和县、潜山、太和等10个县作为试点，实行"乡财县管"，并对"乡财县管"的主要内容作了规范，即以乡镇为独立核算主体，实行"预算共编、账户统设、集中收付、采购统办、票据统管"的财政管理方式，由县级财政主管部门直接管理并监督乡镇财政收支，实行县财政局（农税局）对乡镇财政所（农税所）的垂直管理。

2003年1月1日，和县在全省率先推行了"乡财县管"改革。改革以"三权不变"为基本原则，即以乡镇为独立核算主体，坚持乡镇预算管理权、资金所有权和使用权、财务审批权这"三权"不变。同时，实行以"五个统一"为核心内容的全新财政管理方式，即"预算共编、账户统设、集中收付、采购统办、票据统管"，由县财政直接管理并监督乡镇财政收支。另外，调整乡镇财政所管理体制和职能，由县财政局对乡镇财政所实行垂直管理。按照这一目标，和县各乡镇首先开展了"四项清理"工作，即清理财政票据、银行账户、乡镇债务和乡镇财政供给人员，并在此基础上强化预算，规范收支。

经过一年的实践，和县"乡财县管"改革成效明显。2003年全县乡镇非生产性支出下降了12%，乡镇地方税收超收480万元，消化历年乡镇债务 773 万元，初步实现了"挖潜、节支、堵漏、控债、增收"的目标。

同和县一样，其他 9 个试点县也陆续开展"乡财县管"改革。

2004 年 2 月 21 日，安徽省政府在总结十县试点经验的基础上，印发《关于全面推行乡镇财政管理体制改革的通知》，改革在全省铺开。经过几年的努力，安徽省乡财县管改革工作取得了初步成效。"乡财县管"实现了"四个管住"，即管住了乡镇乱收费、管住了乡镇乱花钱、管住了乡镇乱进人、管住了乡镇乱举债，极大地提高了县乡财政管理水平。除此之外，"乡财县管"提高了专款专用能力，有效地防止了乡镇截留挪用、乱收滥支，倒逼乡镇政府职能转型。

（三）农村义务教育管理体制改革

农村税费改革前，我国农村义务教育基本形成了"地方负责，分级管理，以乡为主"的管理体制。这一时期，由于农村义务教育管理体制改革滞后和政府投入不足等原因，农村义务教育乱集资、乱摊派、乱收费等现象屡禁不止，农村办学形成了"校舍建设靠贷款，危房改造靠集资，学校运转靠收费"的局面，极大地影响了农村义务教育的健康发展。

2001 年 5 月，国务院颁布了《关于基础教育改革与发展的决定》，提出建立"在国务院领导下，由地方政府负责，分级管理，以县为主"的农村义务教育管理体制。这标志着长期以来"农村义务教育农民办、乡镇办"的状况，开始向"农村义务教育政府办、以县为主办"的方向转变。

2002 年 12 月，安徽省教育厅、财政厅、人事厅等五部门联合印发了《关于农村义务教育管理体制重点指导工作的若干意见》，确立了肥西等 13 个义务教育发展不同类型的县为"以县为主"改革的重点指导县，探索县、乡镇两级政府的教育管理职责如何划分，教育教学、教育经费和教师队伍的管理如何做到以县为主。

肥西县是首批被确立为"以县为主"改革的重点指导县。肥西县在改革中推出的具体的改革措施就是"一破三立"。"一破"，就是撤销乡镇教育管理办公室；"三立"，就是成立乡镇中心学校、教育结算中心和人才交流中心。通过改革，确立了新的农村教育工作机制，在全省有重要的示范、推广意义。

在各地试点经验的基础上，安徽省全省农村义务教育体制改革全面推进，并不断深化，逐步形成了"以县为主"的农村义务教育体制，提高了农村义务教育发展的区域均衡程度，深化了农村义务教育改革。作为农村综合改革的一项重要内容，"以县为主"的农村义务教育管理体制改革，大大减轻了农民负担，根除了税费改革后农民负担反弹的隐患，受到广大农民群众热烈欢迎。

勇立世界前沿
创新潮头

全球首颗量子科学实验卫星"墨子号"上天，全球
首条千公里级量子保密通信网络"京沪干线"全线贯通，
全超导托卡马克核聚变实验装置再创核聚变世界纪录……
创新，是安徽最宝贵的遗传基因，也是安徽最闪亮的名片。
安徽，已成为活跃在世界科技创新舞台的抢眼角色。

一、重大创新设施

我国科技发展的方向就是创新、创新、再创新。要高度重视原始性专业基础理论突破，加强科学基础设施建设，保证基础性、系统性、前沿性技术研究和技术研发持续推进，强化自主创新成果的源头供给。

——习近平

（一）全国大科学装置

大科学装置是为提升探索未知世界、发现自然规律、实现科技变革的能力，由国家统筹布局，依托高水平创新主体建设，面向社会开放共享的大型复杂科学研究装置或系统，是长期为高水平研究活动提供服务、具有较大国际影响力的国家公共设施。大科学装置建设必须面向科学技术前沿，为国家经济建设、国家安全和社会发展作出战略性、基础性和前瞻性贡献。大科学装置无疑是众多高新技术的源泉和高新技术产业的摇篮，也是一个国家科技实力的象征。

在我国，大科学装置被誉为"国之重器"。"北京正负电子对撞机""兰州重离子研究装置""全超导托卡马克核聚变实验装置""国家蛋白质科学研究设施"……这些大科学装置推动了我国高能物理、等离子体物理、结构生物学等领域的科研水平进入国际先进行列。依托这批大科学装置，解决了高速列车研制、濒危野生生物种质资源抢救性保存、农作物基因改良等一批关系国计民生和国家安全的重大科技问题，在载人航天、资源勘探、防灾减灾和生物多样性保护等方面发挥了重要作用。

我国大科学装置建设经历了从无到有、从小到大、从学习跟踪到自主创新的过程，目前我国重大科技基础设施的规模、技术水平和国际影响力都已迈上新台阶。截至 2016 年底，我国投入运行和在建大科学装置总量近 40 个，总体技术水平基本进入国际先进行列。

我国大科学装置的集聚效应已初步显现。北京、上海、合肥等地初步形成学科领域相对集中、布局比较合理的大科学装置集群化发展态势，已具有一定的国际影响力。

我国部分大科学装置的技术水平居于全球领先地位。500 米口径球面射电望远镜被誉为"中国天眼"，是具有我国自主知识产权、世界最大单口径、最灵敏的射电望远镜。全超导托卡马克核聚变实验装置成为世界上第一个实现稳态高约束模式运行持续时间达到百秒量级的托卡马克核聚变实验装置。

我国大科学装置的布局明显优化。在粒子物理和核物理、空间和天文科学等优势领域的设施建设进一步巩固和发展，在工程技术、地球系统与环境科学等一直较为薄弱的领域得到明显加强。

（二）安徽大科学装置

安徽省合肥市拥有全超导托卡马克、同步辐射和稳态强磁场三个大科学装置，是我国大科学装置最为集中的城市之一。三大装置在技术上具有共性，在支撑的学科方向上相互关联，初步满足综合交叉科学研究不断发展的需求。安徽依托现有装置群在无机低维半导体、量子功能材料、核聚变等研究领域居世界领先水平，并持续刷新高约束等离子体放电时间、稳态磁场强度等多个世界纪录。

1. 全超导托卡马克核聚变实验装置

全超导托卡马克核聚变

全超导托卡马克核聚变实验装置

实验装置（EAST，Experimental Advanced Superconducting Tokamak）被称为"人造太阳"，位于安徽省合肥市中国科学院等离子体物理研究所。该装置高 11 米、直径 8 米、重达 400 吨，是我国第四代核聚变实验装置，其运行原理是在装置的真空室内加入少量氢的同位素氘或氚，通过类似变压器的原理使其产生等离子体，然后提高其密度、温度使其发生聚变反应，反应过程中会产生巨大的能量。

（1）建设背景

超导托卡马克是公认的探索和解决未来稳态聚变反应堆工程及物理问题的最有效的途径，建造超导装置开展聚变研究已成为国际热潮。

我国核聚变能研究始于 20 世纪 60 年代初，从起步之初，就以在我国实现受控热核聚变能为主要目标。自 20 世纪 70 年代开始，集中选择了托卡马克为主要研究途径，先后建成并运行了小型 CT-6、KT-5、HT-6B（ASIPP）、HL-1A（SWIP）、HT-6M（ASIPP）及较大一些的 HL-1M（SWIP）。

我国超导托卡马克研究始于 1991 年，在原苏联 T7 超导托卡马克基础上进行了根本性改造。1994 年底，中国科学院等离子体物理研究所成功地建成我国第一台大型超导托卡马克装置 HT-7，研究成果引起了国际聚变领域的广泛关注。HT-7 是一个可产生长脉冲高温等离子体的中型聚变研究装置。它的研制成功，使我国成为继俄、日、法之后第四个拥有该类装置的国家，从此为中国的聚变事业全面走向国际舞台开拓了一条创新之路。

EAST作为HT-7的升级装置，不仅规模更大，其独有的非圆截面、全超导及主动冷却内部结构三大特性，将更有利于探索等离子体稳态先进运行模式，将使中国核聚变研究步入国际先进水平，其工程建设和物理研究可为国际热核聚变实验反应堆（ITER）项目建设提供直接经验，并为未来聚变实验堆提供重要的工程和物理实验基础。

（2）发展历程

全超导托卡马克核聚变实验装置计划于1996年被提出，1998年7月，国家计委同意由中国科学院主持，中国科学院等离子体物理所承担国家重大科学工程项目"HT-7U超导托卡马克核聚变实验装置"的建造；2000年10月，国家计委同意该项目的工程开工建设。为使国内外专家易于发音、便于记忆，同时又有确切的科学含义，2003年10月将HT-7U正式改名为EAST。

EAST工程历经5年多的建设，于2006年全面、优质地完成。同年9—10月和2007年1—2月EAST装置进行了两次放电调试，成功获得了稳定、重复和可控的各种磁位形高温等离子体。2007年3月1日EAST项目通过了国家发改委组织的验收。从此，世界上第一个非圆截面全超导托卡马克正式投入运行。

EAST的成功建设和运行获得国内外专家的高度赞誉，《自然》和《科学》杂志分别评价："中国创造了聚变历史""在这里科学价值得到极大体现"。

（3）研究成果

全超导托卡马克核聚变实验装置是集我国50多年可控核聚变研究之大成的装置，该装置自建成以来，就不断开创人类可控核聚变研究的新高度。先后创下多项世界纪录：2012年实现30秒高约束等离子体放电；2016年获得60秒的完全非感应电流驱动（稳态）高约束模等离子体。

2017 年 7 月 3 日，全超导托卡马克核聚变实验装置实现了稳定的 101.2 秒稳态长脉冲高约束等离子体运行，实现了从 60 秒到百秒量级的跨越，创造了新的世界纪录。这标志着 EAST 成为世界上第一个实现稳态高约束模式运行持续时间达到百秒量级的托卡马克核聚变实验装置，表明我国磁约束聚变研究在稳态运行的物理和工程方面，将继续引领国际前沿，对国际热核聚变实验堆（ITER）的建设和运行具有重大科学意义。

2018 年 11 月，EAST 实现了 1 亿摄氏度等离子体运行等多项重大突破，获得的实验参数接近未来聚变堆稳态运行模式所需要的物理条件，朝着未来聚变堆实验运行迈出了关键一步。

作为国际上最重要的核聚变研究实验平台之一，EAST 装置与欧、美、俄、日、澳等 30 个国家和地区建立了稳定的合作交流关系，作为 ITER 中国工作组的重要单位之一，承担了导体、校正场线圈、超导馈线、电源、诊断等采购包，占中国承担 ITER 采购包任务的 73%。EAST 的采购包研制工作进度在 ITER 七方中位于前列，一些产品以优异的性能通过国际实验评估，获得国际聚变界的好评。

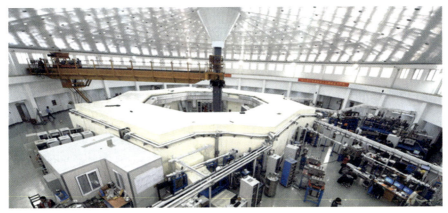

合肥同步辐射装置

2.同步辐射装置

我国唯一以真空紫外和软 X 射线为主的同步辐射装置，被称为"合肥光源"，位于我国第一个国家级实验室——中国科学技术大学国家同步辐射实验室。同步辐射作为一种先进的光源，具有强度高、光斑小、频谱广、可任意选择波长等优点，在国家安全、能源、工程材料研究等方面发挥着关键的平台支撑作用。

（1）建设背景

与常规的光源相比，同步辐射有诸多突出的优点。它的频谱宽阔、连续、平滑（从 X 射线、紫外、可见光一直延伸到红外），利用单色器可从中选取所需的任何波长的光；有很好的方向性，光能集中，亮度比普通光源高千倍至百万倍以上；同时还具有偏振性、脉冲性的时间结构、高稳定性、高真空的洁净环境、频谱可准确计算等优异特性。光是人类认识自然的最基本的工具，同步辐射是唯一的频谱范围如此宽阔的优质光源，其应用具有很高的现代科技融合性和集成性，为前沿科技研究提供了一个先进的、不可替代的实验平台，被广泛应用于凝聚态物理学、原子和分子物理学、化学、医学、材料科学、生命科学、环境科学、能源科学、信息科学技术、超细微加工和辐射计量学等众多领域。正因如此，同步辐射光源是目前世界上数量最多的大科学装置，它作为多学科公用实验平台，在现代科技发展中的重要地位为科学界所公认。

（2）发展历程

20 世纪 70 年代末，中国科学技术大学率先提出在国内建设电子同步辐射加速器的建议。1983 年 4 月，作为第一个由国家全额投资兴建并支持运行的国家实验室——中国科学技术大学国家同步辐射实验室（NSRL）由原国家计委批准立项，其拥有的同步辐射装置称为合肥光源（HLS）。

1997 年，原国家计委批准"NSRL"二期工程立项。该工程是"九五"

期间启动的国家大科学工程之一，二期工程的胜利完成使 HLS 的运行和实验研究水平上了一个新台阶。2009 年 12 月，中国科学院和中国科学技术大学决定共同投资，对 HLS 进行新一轮重大升级改造。通过采用先进的加速器物理设计等，将 HLS 提升到准三代光源水平，达到国际同类装置的先进水平。升级改造项目已于 2014 年 12 月 29 日通过中国科学院组织的工艺验收。升级改造后的 HLS 特色更加鲜明，与北京、上海光源形成优势互补，在真空紫外 – 软 X 射线能区发挥不可替代的作用。

（3）研究成果

"合肥光源"先后荣获国家科技进步奖一等奖、中国科学院科技进步奖特等奖和安徽省高校科技进步奖等奖项，为我国基础研究和国防建设作出了重大贡献。

2007 年，我国首颗探月卫星"嫦娥一号"成功发射，并传回首张月面图像。"嫦娥一号"首次飞行任务携带的太阳风离子探测器，其正机实验标定和测试，就是在合肥光源上完成的。

中国科学技术大学校长、中国科学院院士包信和实现煤基合成气一步法高效生产烯烃，中国科学技术大学化学系俞书宏教授成功制备人工珍珠母，这些在《科学》杂志刊发的顶级成果无不与合肥光源相关。

随着合肥光源性能的提升，该实验室源源不断地涌现了更多原始创新成果。2018 年上半年，基于该装置，用户发表论文 176 篇，其中一区论文 95 篇。

正在规划建设的合肥先进光源是世界上唯一的位于中低能区、具有鲜明衍射极限及全空间相干特色的第四代同步辐射光源，将为能源与环境、量子材料、物质与生命交叉等领域研究带来

稳态强磁场实验装置

前所未有的机遇。"十三五"期间，合肥先进光源主要开展方案设计、加速器技术、光束线站技术及验证装置方案设计与论证等预研，解决关键技术难题，总体预计在 2024 年建成。

3.稳态强磁场实验装置

位于安徽合肥强磁场科学中心的稳态强磁场实验装置是一系列针对物理、材料、化学和生命科学等研究及多学科交叉研究所需的设施，包括 9 台稳态强磁场装置和六大类实验测量系统以及极低温和超高压等极端实验条件系统。

（1）建设背景

在传统科学日臻完善的今天，利用常规实验条件取得新的突破已经越来越困难。发现新现象，揭示新规律，开展多学科的交叉研究，都有赖于极端实验条件。强磁场是一种重要的极端条件，处在强磁场中的物质结构及其转变过程都可能发生变化，这为物理、化学、材料和生物等学科的研究提供了新途径，开辟了新空间。越高的磁场强度将导致越显著的磁场效应，超强磁场的实验装置在科研方面的价值更大。

稳态强磁场实验装置就是要建设稳态强磁场极端实验条件，最大限度地满足中国多学科前沿发展对于强磁场实验条件的需求。它为探索物质科学和生命科学的未知世界、发现其自然规律、实现功能材料和医疗等技术变革提供极限稳态磁场研究手段，是支撑物质科学和生命科学前沿发展、解决相关重大科技问题的实验平台。

（2）发展历程

2007 年 1 月，国家发改委正式批准国家重大科技基础设施——"强磁场实验装置"的项目建议书，明确要求建设国际先进的强磁场实验设施，并在项目完成后依托建设单位成立国家强磁场科学中心。2008 年初，国家发改委批准了设计方案、下达了任务书，确定稳态强磁场实验装置由中国科学院合肥物质科学研究院承担建设任务，中国科学技术大学参与共建。2008年5月，项目开工建设，建设周期为5年，目标是建成具有国际先进水平、可为众多学科领域的科学研究提供强磁场极端实验环境和实验手段的大型综合科学实验装置。为了保证强磁场科学技术的持续发展，中国科学院于2008年5月批准成立中国科学院强磁场科学中心，依托合肥物质科学研究院管理。

（3）研究成果

稳态强磁场装置虽然建设晚，但起点高，紧盯国际最先进的装备。总工程师高秉钧研究员是国际著名磁体设计专家，曾参与美国国家强磁场中心建设。他设计的5台水冷磁体装置，其中有3台已经创造稳态磁场世界纪录：单台水冷磁体在10兆瓦功率下获得了创世界纪录的稳态磁场强度（27.5万高斯）；磁体中心孔径分别为32毫米、50毫米的两台水冷磁体装置，分别创造了35万高斯、38.5万高斯的世界最高稳态磁场纪录。

在这个领域，美国一直走在前面，中国的稳态强磁场实验装置打破世界纪录，吸引了两位美国的科学家两度来到安徽考察，他们对"中国实力"刮目相看。

2016年11月，稳态强磁场装置又实现了40万高斯稳态磁场，达世界一流水平，成为磁场强度仅次于美国、世界排名第二的稳态强磁场装置。

同时，稳态强磁场装置作为一个开放的实验平台，吸引了众多科研团队前来开展研究。全国的优秀科学家和国际上相关科研专家都是它的潜在用户，只要他们提出明确的需求和建议并通过用户委员会的专家评审，都能免费利用稳态强磁场装置开展他们的研究。自2010年稳态强磁场实验装置的部分设备和仪器陆续建成并投入试运行以来，已经有数百名外来专家利用强磁场装置开展了研究工作，取得了大量重要的科研成果。

二、重大创新成果

> 增强创新自信。经过长期努力，我们在一些领域已接近或达到世界先进水平，某些领域正由"跟跑者"向"并行者""领跑者"转变，完全有能力在新的起点上实现更大跨越。我国广大科技工作者一定要有这个信心和决心。
>
> ——习近平

随着创新驱动发展战略的推进，安徽创新型省份建设成果丰硕，量子信息、智能语音等前沿领域取得一批重大创新成果，创造了巨大的经济和社会效益。

（一）量子通信

量子通信是利用量子纠缠效应进行信息传递的一种新型通讯方式，克服了经典加密技术内在的安全隐患，从根本上解决国防、金融、政务、商业等领域的信息安全问题。

量子通信是安徽科技实力最闪亮的名片，正代表中国在量子方面的最高研究水平，参与世界竞争。2016年，世界首颗量子科学实验卫星"墨子号"由中国科学技术大学主导研制成功，并于同年8月成功发射，这一令世界瞩目的科技成果，再一次让安徽走在科技创新的前沿。同年11月，国家量子通信骨干网"京沪干线"项目合肥至上海段顺利开通。2017年9月29日，世界首条量子保密通信干线——京沪干线正式开通。建成后的京沪干线，实现了连接北京、上海，贯穿济南和合肥全长2000余公里的量子通信骨干网络，通过"墨子号"量子科学实验卫星兴隆地面站与京沪干线北京上地中继接入点的连接，真正打通了天地一体化广域量子通信的链路，并通过"墨子号"量子卫星与奥地利地面站的卫星量子通信，在世界上首次实现了洲际量子通信。京沪干线与"墨子号"量子科学实验卫星的完美对接，预示着天地一体化广域量子通信网络雏形已经形成，未来将以此为基础，推动量子通信在金融、政务、国防、电子信息等领域的大规模应用，建立完整的量子通信产业链和下一代国家主权信息安全生态系统，最终构建基于量子通信安全保障的量子互联网。

　　量子科学实验卫星的成功发射和京沪干线的建成，标志着我国在

量子科学实验卫星

量子通信技术和应用方面已全面处于国际领先地位。对于安徽来说，量子方面的技术突破，可以服务于国家的发展战略。同时，量子信息这类高新技术的研发和转化，不仅能培养带动安徽本地的战略性新兴产业的发展，还可以助推传统产业的技术升级，与未来的创新发展息息相关。

（二）智能语音

智能语音是根据大量的语音数据收集整理，通过智能分析，以声音的形式接收命令并执行，同样以声音的形式予以反馈的智能化体系。作为新一代人机交互技术，智能语音是新一代信息技术产业的制高点。

科大讯飞拥有自主知识产权的中文智能语音技术处于国际领先水平，填补了中国在智能语音领域的研究空白，扭转了中文语音产业由国际巨头控制的局面，占有中文语音主流市场 70% 以上份额。在语音合成、识别、评测等领域，科大讯飞都拥有全球领先技术。自 20 世纪 90 年代中期以来，历次国内、国际语音合成评测中，科大讯飞各项关键指标均名列第一，并支持国内外近 30 种语音合成。在国际机器翻译评测 IWSLT2014、NIST2015 等大赛中，科大讯飞连夺冠军。

而在 2000 年以前，中文语音应用几乎为国外公司垄断。今天，从被外界笑称为"草台班子"到亚太地区最大的语音上市公司，从中国语音产业的拓荒者到世界语音产业的领军者，科大讯飞历经技术和市场的淬炼，发展壮大，成为安徽乃至我国自主创新的一面旗帜。因为讯飞，中国改变了在语音产业领域一直以来的追赶姿态，领跑全球。

2015 年 9 月，安徽省智能语音产业集聚发展基地获批成立。为了保障基地建设，2015 年，安徽省级财政安排专项引导资金 1 亿元、合肥市级财政安排专项配套资金 1 亿元，合计 2 亿元用于智能语音基地建设。以科大讯飞为龙头，以自主知识产权的智能语音及人工智能技术为基础，基地形成快速发展态势。截至 2017 年 6 月，已有 50 多个项目落户于此并进行孵化和创业，基地人工智能云平台总用户数达到 9.35 亿，基地内示范产业智能语音相关信息消费产品在国内主流语音市场的占有率超过 70%。重点涉及语音及人工智能等核心技术研发、语音云平台等基础平台建设、智能教育、物联网、汽车电子、智能客服、穿戴式设备等诸多领域。

（三）新能源

新能源一般是指在新技术基础上加以开发利用的可再生能源，包括太阳能、生物质能、风能、地热能以及氢能、核能等。随着常规能源的有限性以及环境问题的日益突出，以环保和可再生为特质的新能源越来越得到各国的重视。

在新能源领域，安徽已经取得了一系列重大创新成果。其中，光伏并网发电核心技术、太阳能电池制造技术等方面国内领先，阳光电源光伏逆变器市场占有率连续十多年保持全国第一，集聚了通威太阳能、晶澳太阳能等一批光伏电池及组件制造龙头企业。国轩高科自主开发的磷酸铁锂动力电池出货量国内第一。合肥德博能源、滁州昌信生物质气化多联产技术取得积极进展，市场竞争力显著增强。宣城、芜湖初步形成一批高效率低能耗生物质成型设备优势企业，成型燃料锅炉实现规模化应用。

（四）超薄电子玻璃

一般把 0.1 ~ 1.1 毫米厚度的玻璃称为超薄玻璃。通常，玻璃越薄，就越轻巧，且拥有透光性佳、显示效果好、节能等优点。随着平板显示器技术的飞速发展，市场对超薄玻璃的需求量与日俱增。

蚌埠玻璃工业设计研究院凭借具有国际先进水平的成套技术及装备率先在国内成功拉引出 0.3 毫米、0.25 毫米、0.2 毫米、0.15 毫米的超薄电子玻璃，实现了我国浮法玻璃由传统领域向电子信息显示领域的完美跨越，打破了国外对电子信息显示行业上游关键原材料的长期垄断。

　　2018 年 4 月，依托蚌埠玻璃工业设计研究院的技术支撑，蚌埠中建材信息显示材料有限公司新产品 0.12 毫米超薄浮法电子玻璃成功下线，继 0.15 毫米之后又一次创造了浮法技术工业化生产的世界最薄玻璃记录，为我国玻璃产业的发展提供了强有力的基础原材料支撑，极大增强了行业的创新活力和核心竞争力。本次拉引成功，让"蚌埠玻璃"再一次站在了玻璃行业的制高点，为我国电子信息产业的进一步发展提供了重要的科技支撑，标志着中国玻璃行业在国际上已经由过去的"追赶型"进入现在的"领跑型"，增强了国际影响力和话语权。

（五）新型显示

　　新型显示一般是指 OLED、AR／VR、曲面异形、触控显示等，AMOLED 被称为下一代新型显示技术。

　　"缺屏少芯"曾经是制约安徽乃至全国家电等产业发展的重要瓶颈。党的十八大以来，安徽瞄准液晶显示屏这一市场需求大、国内供给不足的战略性新兴产业精准发力，以龙头企业京东方为引领，不断补齐壮大产业链条，形成了涵盖上游装备、材料、器件、驱动，中游面板，下游智能终端的完整产业链。当前，安徽新型显示产业已成为国内规模最大、创新能力最强、产业链最完整的产业集群。

　　2009 年 4 月，京东方 6 代线项目在安徽合肥奠基。历经 8 年发展，京东方先后布局了 6 代线、8.5 代线和 10.5 代线，安徽成为京东方全国产业版图最重要的一角。如今，京东方 6 代线全球盈利能力最强，8.5

代线产能居全球前列。京东方制造的世界最大超高清显示屏达 110 英寸，产品在室内外公共显示场所均能够实现高品质显示，而 10bit 色彩技术可呈现 10.7 亿色，画面更加丰富艳丽，画质更为清晰流畅。2018 年，随着全球最高世代——合肥 10.5 代 TFT-LCD 生产线提前量产，京东方跃升全球显示行业三甲，引领大尺寸超高清显示新时代。

（六）瓦斯治理

安徽淮南煤矿是我国瓦斯治理条件最为复杂的矿区之一，开采历经百年，淮南煤矿至今采出煤量仍不足储量的十分之一，主要"瓶颈"就是瓦斯、水、火、地温、地压等灾害带来的威胁，其中尤以瓦斯为甚。据统计，1980 年至 1997 年，淮南煤矿共发生十多起瓦斯爆炸事故，人人"谈瓦斯色变"。技术不过关，不仅有煤采不出，更影响了开采安全。

面对瓦斯治理之难，淮南矿业致力于破解煤矿瓦斯治理等三大世界性、历史性难题，持续实施理念、技术、管理、制度创新，探索出一条具有淮南煤矿特色的瓦斯综合治理与利用的道路，建成了煤矿瓦斯治理国家工程研究中心、煤炭开采国家工程技术研究院等 4 个国家级技术创新平台，形成了以"无煤柱煤与瓦斯共采关键技术"为代表的一大批技术创新成果和淮南瓦斯治理文化体系，企业连续 17 年杜绝了瓦斯爆炸事故，成为全国煤矿瓦斯治理的典范。

2014 年，淮南矿业集团自主研发的深厚表土层高地应力条件地面钻井卸压瓦斯抽采成套技术及工程应用、晋城矿区石灰岩顶板直覆条件下无煤柱沿空留巷围岩控制理论与关键技术等两项成果，荣获国家能源科技进步一等奖，这是安徽煤炭企业首次荣获一等奖。此外，由淮南矿业集团研发的煤矿低浓度瓦斯气水二相流安全输送技术、淮南矿区冲击地压机理与监测系统研究和石门及井筒揭煤突出危险性快速预测技术研究等分别荣获国家能源科技进步二、三等奖。淮南矿业集团瓦斯综合治理与利用项目荣获中国工业大奖，实现了中国工业大奖自设立以来安徽省在该奖项上零的突破。

淮南矿业集团加快瓦斯治理创新成果转化，实现了瓦斯治理技术服务产业化，按照国家有关部委要求，已在黑龙江、河北、山西、陕西、河南等省区设立瓦斯治理技术服务驻外分支机构，技术服务覆盖产能21亿吨，在提供技术服务的矿区建成全国瓦斯综合治理示范矿井12对，有效提升了全国高瓦斯、煤与瓦斯突出矿区的瓦斯综合防治能力。

（七）压力容器安全

压力容器是指盛装气体或者液体，承载一定压力的密闭设备。按在生产工艺过程中的作用原理，压力容器分为反应压力容器、换热压力容器、分离压力容器、储存压力容器。在压力容器安全领域，中国工程院院士、合肥通用机械研究院院长陈学东先后获得省重大科技成就奖、国家科技进步一等奖。

2000 年，陈学东在国内率先开展石化装置与城市燃气储配系统工程风险评估与控制技术研究与应用，为石化、燃气、冶金、电力等过程工业装置长周期安全运行提供关键技术保障。成果应用带来我国石化装置检维修理念和方式的一次变革，石化装置连续不停车周期从过去的 1 年至 2 年延长到现在的 3 年至 6 年，使得我国石化装置在运行风险降低的条件下年检维修费用降低了 15% 至 35%，仅中石油、中石化每年节约检维修费用就超过 45 亿元。

在石油化工、冶金电力等行业都需要大量能承受高温、深冷、高压、复杂腐蚀等极端条件的超大尺度压力容器。2005 年以前，国家重大工程建设急需的这些关键设备不得不依赖进口。历时数年，陈学东的研究团队成功解决了极端条件下重要压力容器设计与制造难题，实现了百万吨乙烯工程大型低温球罐、液化天然气集输工程大型深冷液化天然气储罐等重要压力容器的首台套国产化研制，部分产品达到国际领先水平，结束了我国石化压力容器需要进口的历史。

10多年前，我国每年发生危化品爆炸事故百余起，伤亡100多人，经济损失达数十亿元。目前我国在役压力容器217.5万台，锅炉60.9万台，但经过陈学东及其团队检测、分析、评估以及研制的压力容器从未发生过安全事故。在他们的不懈努力下，我国压力容器万台设备事故率已由20世纪90年代的2.5降至目前的0.4，跻身发达国家最高水平。陈学东团队成为压力容器的"安全卫士"。

（八）自动变速箱

自动变速箱是相对于手动变速箱而出现的一种能够自动根据汽车车速和发动机转速来进行自动换挡操纵的变速装置。目前汽车自动变速箱常见的有四种形式，分别是液力自动变速箱（AT）、机械无级自动变速箱（CVT）、电控机械自动变速箱（AMT）和双离合自动变速箱（DCT）。作为安徽本土企业，奇瑞、江淮一直走在国内自动变速箱领域的前沿。

2010年奇瑞从德国引进CVT生产线开始，正式具备生产CVT变速箱的能力，当年4月CVT变速器才正式下线。2015年，奇瑞推出了第二代CVT变速箱，它可以匹配1.5 ~ 2.0L的发动机，扭矩将覆盖147 ~ 190N·m。奇瑞新一代CVT变速箱变速比范围提升6%以上，搭载这款CVT变速箱的车型在NEDC工况（新欧洲行驶工况）下的效率提升了3%以上，综合油耗则可以降低0.2L/100km以上，车型竞争力大大提高。

江淮汽车从2010年起开始研发双离合自动变速器，历时5年艰辛努力，成功地打造出世界先进、拥有完全自主知识产权的双离合自动变速器，并成功实现批量化生产应用。江汽突破我国自动变速器产业瓶颈，成功打造双离合自动变速器，是中国汽车工业一项里程碑式的战略成果，它表明中国乘用车已打破国外技术封锁和国外自动变速器对中国市场的垄断，使我国拥有了世界最先进的变速器设计开发经验和相关专利，将全面提升我国在汽车关键零部件领域的自主创新能力，带动自动变速器相关零部件和配套服务行业的发展。

三、一流高校院所

推动一批高水平大学和学科进入世界一流行列或前列，提升我国高等教育综合实力和国际竞争力，培养一流人才，产出一流成果。

——习近平

安徽是科教大省，拥有 112 所高校、23 个国家重点（工程）实验室、34 个国家工程（技术）研究中心、4800 多个研发机构，聚集了众多的高端创新人才和科研团队，是我国基础研究和原始创新的重要承载者和策源地。安徽在 2016 年底发布《一流学科专业与高水平大学建设五年行动计划》，明确提出建设世界一流大学和一流学科，使之在一些重点领域成为培养和造就一流科学家和科技领军人才的摇篮。重点支持中国科学技术大学建设世界一流大学，支持合肥工业大学、安徽大学等高校建设一流学科，达到或接近世界一流水平。

（一）建设世界一流大学

安徽在《一流学科专业与高水平大学建设五年行动计划》中明确提出支持中国科学技术大学建设世界一流大学。2011年4月，时任中央政治局常委、国家副主席的习近平在安徽调研，亲临中国科学技术大学视察。2016年，习近平总书记在合肥的考察依然将关注的目光落到这座以科技创新为标签的中国知名院校——中国科学技术大学。

1.发展历程

中国科学技术大学是中国科学院所属的一所以前沿科学和高新技术为主，兼有医学、特色管理和人文学科的综合性全国重点大学。

1958年9月，中国科学技术大学创建于北京，首任校长由时任中国科学院院长郭沫若兼任。其创办被称为"我国教育史和科学史上的一项重大事件"。建校后，中国科学院实施"全院办校、所系结合"的办学方针，学校紧紧围绕国家急需的新兴科技领域设置系科专业，创造性地把理科与工科即前沿科学与高新技术相结合，注重基础课教学，高起点、宽口径培养新兴、边缘、交叉学科的尖端科技人才，汇集了严济慈、华罗庚、钱学森、赵忠尧、郭永怀、赵九章、贝时璋等一批国内最有声望的科学家，建校第二年即被列为全国重点大学。

1970年初，学校迁至安徽省合肥市。1978年以后，学校锐意改革、大胆创新，在全国率先提出并实施了一系列具有创新精神和前瞻意识的教

中国科学技术大学

育改革措施，创办少年班、首建研究生院、建设国家大科学工程、面向世界开放办学等，使学校得以恢复并迅速发展。学校是国家首批实施"985工程"和"211工程"的大学之一，也是唯一参与国家知识创新工程的大学。长期以来，学校始终坚持"全院办校、所系结合"的办学方针，弘扬"红专并进、理实交融"的校风，形成了不断开拓创新的优良传统，以及教学与科研相结合、理论与实践相结合的鲜明特色，培养了一大批德才兼备的高层次优秀人才。学校面向世界科学前沿领域和国家重大需求，聚焦科学目标，开展科学研究，努力提高学术研究水平和科研创新能力与科研竞争力，取得了一批具有世界领先水平的原创性科技成果。步入新时代，学校积极参与国家"双一流"建设、中国科学院"率先行动"计划升级版和安徽省系统推进全面创新改革试验，全面深化综合改革，加快建设具有中国特色、科大风格的世界一流大学，2017年入选A类世界一流大学建设高校。

学校现有20个学院（含6个科教融合共建学院）、31个系，设有研究生院，以及苏州研究院、上海研究院、北京研究院、先进技术研究院、中国科学技术大学附属第一医院（安徽省立医院）等。有数学、物理学、力学、天文学、生物科学、化学共6个国家理科基础科学研究和教学人才培养基地和1个国家生命科学与技术人才培养基地。在教育部第四轮学科评估中，有7个学科入选A+学科、15个学科入选A类学科。建有国家同步辐射实验室、合肥微尺度物质科学国家研究中心、火灾科学国家重点实验室、核探测与核电子学国家重点实验室、类脑智能技术与应用国家工程实验室、语音及语言信息处理国家工程实验室、量子信息与量子科技前沿协同创新中心、国家高性能计算中心（合肥）、安徽蒙城地球物理国家野外科学观测研究站等11个国家级科研机构和51个院省部级重点科研机构。积极筹建量子信息科学国家实验室，推动合肥综合性国家科学中心建设，加快安徽省人民政府、国家卫生计生委、中国科学院三方共建的中国科大生命科学与医学部建设。

当前，全校以习近平新时代中国特色社会主义思想为指引，勇于创新、敢于超越、力争一流，加快建成与科研机构深度融合、创新人才和创新成果不断涌现、具有中国特色的世界一流大学，为实现"创寰宇学府，育天下英才"的宏伟目标而努力奋斗。

2. 师资力量

中国科学技术大学拥有一支高素质的师资队伍。截至2018年底，共有教学与科研人员2154人，其中，中国科学院和中国工程院院士55人，发展中国家科学院院士17人，国家万人计划领军人才30人，青年拔尖人才13人，国家杰出青年科学基金获得者115人、优秀青年科学基金获得者108人，教育部长江学者（含青年）51人，国家级教学名师7人。同时，一批国内外著名学者受聘担任名誉（客座）教授、"大师讲席"教授。

3. 创新成果

据中国科学技术信息研究所发布的数据，近十年间（2007—2016年）中国科学技术大学作为第一署名单位累计发表SCI论文19766篇，篇均被引次数15.08次，继续保持在全国主要高校中排名第一。据汤森路透公布的数据显示，中国科学技术大学2007年1月1日至2017年8月31日共发表SCI/SSCI论文36418篇，篇均被引14.02次，超过世界平均值（12.00次），在全国主要高校中排名第一。

中国科学技术大学一贯坚持科学前沿探索，注重原始创新，在量子信息、单分子科学、高温超导、纳米科学、地球环境、生命与健康等前沿领域取得了一批具有世界水平的科研成果。"40K以上铁基高温超导体的发现及若干基本物理性质研究""多光子纠缠及干涉度量"先后荣获2013年度、2015年度国家自然科学一等奖。主导研制的全球首颗量子科学实验卫星"墨子号"圆满完成全部三大既定科学目标、在国际上首次成功实现千公里级星地量子通信，正式开通国际上首条千公里级量子保密通信骨干网"京沪干线",研制出世界首台超越早期经典计算机的光量子计算原型机;参与研制的我国首颗暗物质粒子探测卫星"悟空"取得重大发现,获取了目前国际上精度最高的电子宇宙射线探测能谱。重大原创成果得到了党和国家的高度认可,获得了社会的充分肯定。主导或参与研制的"墨子""悟空"两项成果写入党的十九大报告;主导研制的光量子计算机入选习近平总书记发表的 2018 年新年贺词。

根据 ESI(基本科学指标数据库)统计,学校物理学、化学、材料科学、工程科学、地球科学、数学、生物学与生物化学、计算机科学、临床医学、环境 / 生态学、社会科学总论、植物学与动物学、分子生物学与遗传学 13 个学科领域进入世界前 1%,其中化学、物理学、材料科学、工程学进入 ESI 全球前 1‰学科领域。

4.发展方向

为推动世界一流大学建设,中国科学技术大学积极参加安徽省全面创新改革试验区建设和中国科学院"率先行动"计划,从加快现代大学制度建设、深化人才强校主战略、创新人才培养体系、健全卓越科技创新体系、以科研国际化带动人才培养和队伍建设的国际化、建设创业创新氛围浓厚的活力校园等方面深化综合改革,努力实现学科体系一流、体制机制一流、科教水平一流、办学声誉一流,争取率先在中部地区建成世界一流大学。

在加快建设世界一流大学的进程中,中国科学技术大学充分发挥人才培养、队伍建设、科研创新、平台建设、成果转化、体制机制改革等方面的示范和引领作用,争取建设和形成一批具有示范、带动作用的创新平台、技术成果,集聚一批高层次创新创业人才,形成一批可复制推广的重大改革举措,为安徽省推进全面创新改革试验注入新动能,做出新探索,促进安徽省加快调结构转方式促升级。

（二）建设世界一流科研机构

中国科学院合肥物质科学研究院（以下简称"合肥物质研究院"）成立于 2001 年 11 月，坐落于安徽省合肥市西郊风景秀丽的蜀山湖畔"科学岛"，是中国科学院在安徽设立的一个综合性科研基地和人才培养基地。在创新驱动发展战略下，中国科学院合肥物质科学研究院以创新驱动发展新引擎、打造创新创业新高地的面貌积极建设世界一流科研机构。

中国科学院合肥物质科学研究院

1. 发展历程

2000 年下半年开始，根据中国科学院实施知识创新工程试点工作的总体部署，中国科学院合肥分院和 4 个研究所开始酝酿、讨论和制定合肥分院与 4 个所进行整合，成立中国科学院合肥研究院，整体进入中国科学院"二期创新工程试点"的创新方案。2001 年 11 月，中国科学院批准合肥分院及安徽光学精密机械研究所、等离子体物理研究所、固体物理研究所开始整合，合并成一个法人单位——中国科学院合肥研究院（暂用名）。2003 年 5 月 8 日，中央机构编制委员会办公室正式批复中国科学院合肥分院、中国科学院安徽光机所、中国科学院等离子体物理所、中国科学院固体物理所合并为中国科学院合肥物质科学研究院。2004 年 4 月，合肥智能机械研究所划归合肥物质科学研究院。2014 年 11 月，合肥研究院与中国科学技术大学联合申请合肥大科学中心正式获批，成为中国科学院首批大科学中心。2017 年 7 月，中国科学院合肥物质研究院获批科研院所国家双创示范基地，是安徽唯一入选的国家双创示范基地的高校和科研院所。

2. 研究力量

合肥物质研究院先后建成了 20 多个装备优良的国家或省部级重点实验室、研究中心和 10 多个大型技术物理实验平台，包括 EAST 核聚变实验装置、EAST 辅助加热系统、稳态强磁场等三个大科学工程，办有 *Plasma Science and Technology* 等 5 个学术刊物，是中国主要的核聚变研究基地之一，是世界实验室在我国设立的核聚变研究中心，也是中国科学院重要的科技创新基地。

截至 2018 年底，合肥物质研究院在职职工 2600 余人，其中专业技术人员 2000 余人，包括中国科学院院士 2 人、中国工程院院士 4 人、研究员及正高级工程技术人员 300 余人。

3. 研究成果

合肥物质研究院长期承担着众多国家科研任务，主要研究领域涉及能源、环境、生物、材料、信息、国防，主要学科方向有磁约束核聚变科学与技术、先进核能与核安全技术、大气环境探测与监测技术、强磁场科学与技术、特殊环境服役材料、机器人与智能装备、现代农业技术、医学物理与技术以及国防战略高技术等。

2014—2018 年，合肥物质研究院以第一完成单位或第一完成人获得的国家级和省部级科技奖励 30 多项。其中包括国家自然科学奖 1 项、科技进步奖 1 项、科技合作奖 2 项，国际内耗最高奖——甄纳奖 1 项，中国科学院杰出成就奖 2 项，安徽省重大科技成就奖 1 项，安徽省科技奖 14 项，何梁何利奖 2 项，行业协会奖 8 项，等等。2014—2018 年累计发表的 SCI 和 EI 论文 5000 余篇。Nature Index 2018 综合指数列全国科研机构第 13 位，全国综合排名第 64 位。2017 年发明专利授权量在全国科研机构中排名第 5 位。

4. 发展方向

合肥物质科学研究院明确了"十三五"时期的发展目标。

抓住"四类机构"改革的机遇，凝聚智慧力量，建成装置性能世界一流、运行管理开放高效的国际著名的综合性科学研究中心（或国家实验室）。

面向国家重大战略需求，面向世界科技前沿，依托国内唯一、世界先进的全超导托卡马克、稳态强磁场装置，开展基础性、前瞻性、战略性研究，带动磁约束核聚变、材料科学、量子物理、物质与生命科学交叉、大气环境光学等领域的跨越式发展，成为我国相关领域前沿研究的开拓者、领跑者。推动 CFETR、大气环境探测与实验设施等大科学装置的预研和立项，引领聚变、强磁场、大气环境探测等领域大科学装置的发展，不断加强核心竞争力。

培育先进核能与核能安全技术、机器人与智能装备、面向特殊环境服役材料物理、现代农业技术、医学物理与技术等重点方向，建成安徽省核应急专业技术支持中心、国内领先的离子医学中心，支撑国民经济和社会可持续发展，成为我国高新技术的创新基地和战略性新兴产业的技术源头。

（三）建设世界一流学科

一流学科是一流大学的加速器，凭借鲜明的特色，打造享誉全球的学科品牌，是不少大学走向世界一流的重要战略。近年来，安徽省学科建设突飞猛进，总体实力迅速增强，已经拥有一批学科涵盖面宽、特色鲜明、优势突出、享有较高知名度的优势学科和人才队伍，如物理学、管理科学与工程、材料科学与工程、化学、生物学与资源利用、临床医学、药理学与毒理学等学科，正在向建设特色高水平优势学科专业，培养引领经济社会发展的创新创业型人才，达到国内一流水平的目标而不断努力。

安徽在《一流学科专业与高水平大学建设五年行动计划》中提出，

支持中国科学技术大学、合肥工业大学等高校建设世界一流学科，使之成为国际学术前沿阵地和一流人才培养高地，成为建设世界一流大学的重要支撑。

1. 物理学

物理学是研究物质运动最一般规律和物质基本结构的学科。作为自然科学的带头学科，物理学研究大至宇宙，小至基本粒子等一切物质最基本的运动形式和规律，因此成为其他各自然科学学科的研究基础。

（1）学科建设

2017 年 6 月，"软科世界一流学科排名"正式发布。中国科学技术大学物理学排名国内高校第 1 位、世界第 37 位。中国科学技术大学的物理学为国家一级重点学科，该学科具有均衡的学科布局、坚实的研究基地、优质的人才资源、勤奋的师资队伍、自由的学术环境，通过持之以恒的努力，正在成为国际一流的物理学人才培养基地、活跃的科学研究和学术交流中心。

该学科涵盖凝聚态物理、理论物理、粒子物理与原子核物理、等离子体物理、原子分子物理、天体物理等二级学科，建有核探测与核电子学国家重点实验室，量子信息、星系与宇宙学、强耦合量子材料物理、微观磁共振、光电子技术、物理电子学等 6 个中国科学院及安徽省重点实验室。同时，还紧密依托合肥微尺度物质科学国家研究中心、同步辐射国家实验室以及中国科学院强磁场科学中心开展研究工作。物理实验教学中心为国家首批国家级示范教学中心。

多年来，该学科培养了一大批不同领域的杰出人才，包括 18 名中国科学院和中国工程院院士，多名从事国防事业的将军，以及众多活跃在国际科学研究前沿的中青年学者。设有物理学博士后流动站，并获得了 2010 全国优秀博士后科研流动站称号，2012 年教育部公布了《教育部学位与研究生教育发展中心 2012 年学科评估结果公布》，物理学名列第一。

（2）师资力量

物理学学科师资力量雄厚，著名物理学家严济慈、赵忠尧、施汝为、吴有训、钱三强、钱临照、彭桓武、马大猷、朱洪元等人曾担任重要职务并执教多年。拥有科研教学岗位人员 280 人，其中，中国科学院与中国工程院院士 14 人，教育部"长江计划特聘教授"7 人，国家杰出青年基金获得者 31 人，中国科学院"百人计划"学者 40 人。设有"严济慈大师讲席"和"赵忠尧大师讲席"，并聘请国内外近百名学者为兼职和客座教授。

（3）创新成果

积极参与国家基础及应用研究领域的重大研究课题以及大科学工程建设，承担了大量国家级科研项目，连续 5 年获得竞争性研究经费超过 3.0 亿元。近十年来，在物理学重要的学术期刊 *Physical Review Letters* 上每年发表论文约 50 篇，其中第一作者单位论文每年约 30 篇。近两年在 *Nature* 及其子刊上发表论文 20 余篇。2002 年以来，有 2 项成果获国家自然科学一等奖，6 项成果获国家自然科学二等奖，13 项成果 20 次入选国际物理学重大年度进展、国家科技部年度基础科学研究十大新闻和中国高校科技十大进展。

2. 管理科学与工程

管理科学与工程是在管理思想和方法的研究基础上，更强调计算机与数学模型在管理上的应用，是数学、计算机、信息技术与管理学相交叉的一门学科。管理科学与工程学科覆盖面比较广，主要研究方向有：管理科学、管理系统工程、工业工程、信息系统与信息管理、工程管理、服务科学与工程、社会管理工程、管理心理与行为科学，电子商务、科技与创新管理等。

（1）学科建设

安徽省管理科学与工程学科以合肥工业大学为代表，创立近 40 年来，始终坚持以人才培养为本，加强学科建设、师资队伍建设，加强科学研究、社会服务，放眼国际，前瞻未来，苦练内功，大胆创新，走出了一条超常发展的成功之路。特别是近十多年，在学科带头人杨善林院士带领下，该学科在学科建设、人才培养、科学研究、师资队伍建设等各个方面都取得了巨大进展，逐步形成了"我们拥有共同事业"的学科文化，发展呈现出"和谐、奋发"的良好局面。该学科拥有4个省部级科研基地，拥有"过程优化与智能决策"教育部重点实验室、"智能决策与信息系统技术"教育部工程研究中心、"信息处理技术与信息系统"安徽省工程技术中心、"知识经济与企业管理创新"安徽省高校省级人文社科基地。

（2）师资力量

学科师资力量雄厚，带头人杨善林教授为中国工程院院士、管理科学与信息系统工程专家，另外，学科还拥有长江学者讲座教授4人，国家级教学团队1个，国家级教学名师1人，并聘请多位杰出企业家担任大学生校外指导老师。

合肥工业大学该学科现有教职工151人，其中正高级职称30人，中国工程院院士1人，教育部长江学者特聘教授2人、讲座教授3人、国家杰出青年基金获得者1人、优秀青年基金获得者3人，国务院学科评议组成员1人，国家教学名师1人，国家百千万人才工程1人，新世纪优秀人才计划2人，全国百篇优秀博士论文获得者1人。聘有长江学者特聘教授1人，长江学者讲座教授2人。现有国家自然科学基金创新群体1个、教育部科研创新团队1个，国家级教学团队2个。

（3）创新成果

该学科取得了一系列科研成果。先后承担了一批以国家自然科学基金重大项目、国家哲学社会科学规划重大项目、国家"863"计划重点项目、国防基础研究重点项目和国家发改委政策研究重点项目等为代表的重要课题的研究工作，年均科研经费近3000万元，在新一代信息技术环境下的管理创新领域取得了一批原创性成果，掌握了一批核心关键技术，形成了一些具有实质性科学意义或应用价值的研究论文和国家发明专利。先后获国家科学技术进步二等奖 2 项，省部级科学技术奖励一等奖 7 项、二等奖 8 项，教育部人文社科二等奖 1 项，安徽省人文社科奖一等奖 2 项、二等奖 6 项，2017 年杨善林教授获全国创新争先奖；近 5 年来在 *Operations Research*、*Marketing Science* 等国际著名期刊上发表被 SCI 收录的学术论文 364 篇，出版学术著作 15 部，获授权发明专利 38 项。

打造产业升级新引擎

产业是科技和经济结合的重要节点，也是创新驱动引领新旧动能转换的关键所在。国际金融危机发生以来，新一轮科技革命和产业变革加快孕育兴起，各国都在产业转型升级上抢滩布局，培育竞争新优势。从我国看，经济发展进入新常态，要素的规模驱动力在逐步减弱，区域竞争日趋激烈，竞争正从经济竞争、产业竞争前移到科技进步和创新能力的竞争、人才的竞争。2014年12月1日，中共中央在中南海召开党外人士座谈会。习近平总书记在会上强调，推进新型工业化、信息化、城镇化、农业现代化同步发展，逐步增强战略性新兴产业和服务业的支撑作用，着力推动传统产业向中高端迈进，通过发挥市场机制作用，更多依靠产业化创新来培育和形成新增长点。2015年5月27日，华东七省市党委主要负责同志座谈会在浙江召开。习近平总书记出席会议并指出，着力培育战略性新兴产业，大力发展服务业特别是现代服务业，积极培育新业态和新商业模式，构建现代产业发展新体系。

　　安徽是我国重要的农产品生产、能源、原材料和加工制造业基地，汽车、机械、家电、化工、电子、农产品加工等行业在全国占有重要位置。党的十八大以来，中共安徽省委、安徽省人民政府牢记习近平总书记的指示，把握产业发展大势，发挥科教基础优势，聚焦产业转型升级，下好创新先手棋，战略性新兴产业集聚发展，传统产业加快改造提升，现代服务业快速崛起，量子通信、智能语音、集成电路、汽车家电等一批新老产业已成为安徽产业加快创新的缩影和品牌。2016年4月24日至27日，习近平总书记在安徽考察期间指出，安徽实施创新驱动、产业升级有优势，只要以钉钉子精神干，再接再厉、不骄不躁、奋力拼搏，在中部崛起中前景可期。

2015 年 9 月，中共中央办公厅、国务院办公厅印发《关于在部分区域系统推进全面创新改革试验的总体方案》，包括安徽在内的 8 个区域成为"全面创新改革试验区域"，担负先行先试的重任。2016 年 6 月，国务院批复同意《安徽省系统推进全面创新改革试验方案》。《方案》提出，安徽依托合（肥）芜（湖）蚌（埠）地区，着力促进产业承东启西转移和调整，实现创新驱动产业升级。到 2020 年，基本建成综合性国家科学中心和产业创新中心；到 2025 年，建成有重要影响力的综合性国家科学中心和产业创新中心。

党的十九大报告提出，着力加快建设实体经济、科技创新、现代金融、人力资源协同发展的产业体系。在习近平新时代中国特色社会主义思想的正确指引下，安徽必将深入贯彻党的十九大精神和习近平总书记视察安徽重要讲话精神，坚定不移地把创新作为最大政策，把握全面创新改革试验等国家试点机遇，打造产业升级新引擎，深度融入长三角更高质量一体化发展大局，在中部崛起中闯出新路。

一、战略性新兴产业集聚发展

战略性新兴产业，通常是指建立在重大前沿科技突破基础上，代表未来科技和产业发展新方向，体现当今世界知识经济、循环经济、低碳经济发展潮流，尚处于成长初期、未来发展潜力巨大，对经济社会具有全局带动和重大引领作用的产业。党的十八大以来，安徽省坚持以战略性新兴产业为突破口，通过完善政策体系来不断加速战略性新兴产业的培育与集聚，实现了产业链的有效延伸和创新链的日趋完善。

（一）战略性新兴产业集聚发展基地建设

战略性新兴产业集聚发展基地建设是中共安徽省委、安徽省人民政府加快区域产业转型升级的一大决策。省第九次党代会以来，为贯彻落实中共中央加快实施创新驱动发展和"中国制造2025"战略部署，充分发挥战略性新兴产业的引领带动作用，安徽省人民政府决定加快建设一批战略性新兴产业集聚发展基地。2015年4月，省政府印发《关于加快建设战略性新兴产业集聚发展基地的意见》（皖政〔2015〕48号）。《意见》按照"领军企业—重大项目—产业链—产业基地"的推进思路，对战略性新兴产业集聚发展基地的基本条件，从产业领域、产业基础、龙头企业、创新能力和支撑项目等5个方面进行设定，提出总体和个体两方面的战略目标以及设立专项引导资金、产业投资基金、要素保障、争取国家支持、支持创新能力建设、创新体制机制等 6 个方面的政策措施。

（二）"三重一创"建设

推进"三重一创"建设，是中共安徽省委、安徽省人民政府为打造发展主引擎、推动创新发展作出的又一重要决策部署。省第十次党代会以来，新一届省委、省政府领导班子更加紧密地团结在以习近平总书记为核心的党中央周围，大力落实创新驱动发展战略，深入推进五大发展行动计划。为贯彻落实全国科技创新大会精神，增强战略性新兴产业可持续发展动力，2016 年 12 月 8 日，中共安徽省委、安徽省人民政府联合印发《关于推进"三重一创"建设的实施意见》（皖发〔2016〕49 号），决定在战略性新兴产业集聚发展基地建设基础上，面向未来产业布局，统筹推进重大新兴产业基地（战略性新兴产业集聚发展基地）、重大新兴产业工程、重大新兴产业专项，建设创新型现代产业体系。《意见》提出，到 2020 年，争取形成 10 个左右千亿元级、在国内外具有重要影响力的战略性新兴产业集聚发展基地，形成若干战略性技术和战略性产品，基本建成产业创新中心。到 2025 年，培育一批、储备一批突破型、引领型的新兴产业，形成较强国际竞争力的产业集群，建成创新型现代产业体系，为坚定不移闯出新路、决战决胜全面小康，加快建设创新协调绿色开放共享的美好安徽提供强大产业支撑。

为贯彻落实五大发展行动计划，加快推进重大新兴产业基地、重大新兴产业工程、重大新兴产业专项建设，构建创新型现代产业体系，培育壮大经济发展新动能，2017 年 4 月 22 日，安徽省人民政府印发《支持"三重一创"建设若干政策》（皖政〔2017〕51 号）。《政策》注重把市场机制在资源配置中的决定性作用和更好地发挥政府的作用有机结合起来，围绕聚焦重大项目、构建产业生态、优化支持方式、坚持竞争择优等4个方面，通过10条政策措施为战略性新兴产业发展提供有效支持。

重大项目是推动经济持续增长和产业结构优化的"发动机"。《政策》提出，对实际总投资5亿元及以上，以及实际总投资2亿元及以上且产品技术水平国际领先或填补国内空白的战略性新兴产业制造类项目关键设备购置进行补助，补助比例为购置金额的5%，单个项目补助最高可达3000万元。对实际总投资20亿元及以上且引领带动安徽省产业转型升级的战略性新兴产业制造类项目，省、市联合采取"一事一议"方式给予支持。

创新平台是支撑新兴产业持续健康发展的"孵化器"。《政策》提出，对新认定的国家工程（重点）实验室、工程（技术）研究中心、国际联合实验室（研究中心），一次性奖励300万元；对新认定的国家地方联合工程实验室（研究中心），一次性奖励200万元；对新认定的国家企业技术中心，一次性奖励100万元等。"三重一创"建设部署以来，安徽省创新步伐不断加快。2016年，全省战略性新兴产业集聚发展基地新增省级及以上创新平台73家，新增国家级及省级科学技术奖励40项，新增授权发明专利1139件。合肥综合性国家科学中心大基因中心、芜湖国家工业机器人产品质量与可靠性公共检测中心等一批公共服务平台正加快建设。

金融资本是新兴产业加速做大做强的"催化剂"。《政策》提出，设立300亿元省"三重一创"产业发展基金，省政府每年出资20亿元作为引导资金。按照"政府引导、市场化运作、专业化管理"的原则，采取阶段参股、直接投资、跟进投资等方式，主要投向重大新兴产业基地、重大新兴产业工程中处于成长期和成熟期的项目。

基于安徽整体区域发展还不平衡，《政策》还明确，加大对皖北三市、国家和省扶贫开发工作重点县（区）的支持，对上述区域符合条件的项目，鼓励重大产业项目在该区域的布局，适当提高专项资金的补助金额，奖补资金补助金额上浮 20%。在政策安排上，加强统筹兼顾，进一步推动区域经济协调发展。

截至 2018 年底，安徽启动建设两批 24 个战略性新兴产业集聚发展基地，确定了合肥精准医疗工程等 16 个重大新兴产业工程，量子通信（合肥、芜湖）专项等 18 个重大新兴产业专项。2018 年，24 个基地工业总产值增长 16.6%，16 个重大工程辐射带动所在区域 300 多家企业协同发展，18 个重大专项突破了一批关键技术，获得授权专利超过 2500 件。法国液化空气、中国有色、艾默生电气、正威国际等全球500 强企业以及联发科技、日本安川电机、三普智能重工、海康威视、浪潮等行业领军企业纷纷落户各个基地，部分项目已经正式开工。

2018 年 3 月，中共安徽省委、安徽省人民政府出台《关于促进经济高质量发展的若干意见》。《意见》把创新摆在突出位置，延续并丰富支持创新发展的财政激励等政策，省财政安排 120 亿元左右，采取产业基金、"借转补"等方式，支持包括"三重一创"在内的安徽省重大平台、载体、体系建设。

（三）规划引领

产业规划是推进产业合理有序发展、支撑产业转型升级的重要先导。2016 年 9 月，安徽省人民政府办公厅印发《安徽省战略性新兴产业"十三五"发展规划》。《规划》提出，以"三重一创"为主要抓手，通过着力扩大开放合作、着力强化龙头引领、着力提升创新能力、着力破除体制机制障碍，重点发展壮大新一代信息技术、高端装备和新材料、生物和大健康、绿色低碳、信息经济等五大产业。到 2020 年，战略性新兴产业总产值翻番，力争达到 2 万亿元，创新型现代产业体系初步形成。巩固一批产业，力争建成具有国际竞争力的世界级新型显示产业集群和具有重要影响力的国家级机器人产业基地；壮大一批产业，打造"中国 IC 之都""中国声谷"；培育一批产业，将量子信息、太赫兹、通用航空等产业培育成引领型新兴产业，为加快创新型"三个强省"和美好安徽建设提供强大支撑。

中国声谷——国家智能语音高新技术产业化基地

在政策规划的共同引领下，2018 年，安徽省战略性新兴产业产值增长 16.1%，高于全省规模以上工业 4 个百分点，产值占规模以上工业的比重由 2017 年的 24.7% 提高到 29.5%。

（四）法规保障

为了促进战略性新兴产业集聚发展，引领传统产业转型升级，建设创新型现代产业体系，推动经济保持中高速增长、产业迈向中高端水平，2017 年 5 月，安徽省十二届人大常委会第 38 次会议通过《安徽省促进战略性新兴产业集聚发展条例》，2017 年 7 月 1 日起施行。自此，安徽省战略性新兴产业发展将迎来法律层面上的保障。

　　《条例》是国内第一部关于促进战略性新兴产业发展的地方法规。《条例》规定，法律法规未明确禁止的事项，在符合法律法规基本原则的前提下，县级以上人民政府及其部门可开展创新改革，采取有效措施，促进战略性新兴产业集聚发展。《条例》还要求建立容错纠错机制，规定高等院校、科研机构、国有企业、事业单位在推进战略性新兴产业集聚发展过程中，工作没有达到预期效果或因成果转化后续价格发生变化造成损失，其负责人已履行应尽职责，未牟取个人非法利益的，负责人不承担相关责任。经确定予以容错的单位和个人，免予行政追责和效能问责，在绩效考核、评优评先、职务晋升、职称评聘和表彰奖励等方面不受影响。

二、传统产业转型突围

　　党的十九大报告提出，支持传统产业优化升级。2017年12月，习近平总书记在中央经济工作会议上提出，要围绕高质量发展，强化科技创新，推动传统产业优化升级。在经济运行新常态的形势下，如何抓好传统产业转型升级、促进经济高质量发展是各省市谋求创新发展都面临的迫切问题。作为供给侧结构性改革的主阵地，钢铁、冶金、化工等传统产业长期以来是安徽财政贡献的大户、吸纳就业的大头。当前，传统产业改造升级面临与新技术、新业态、新模式特别是信息技术和互联网融合发展的新机遇，但企业改造升级的内生动力不足、科技创新能力亟待提升、产业集群尚未完全形成、资源环境压力大等挑战也制约着传统产业改造升级的步伐。

（一）技术和管理创新双管齐下，助力传统企业转型升级

制动管的连接方式是影响轻卡车辆系统故障率的主要原因之一。以前采用螺纹连接方式的时候，会导致制动系统故障率相对比较高，而现在企业改用相对比较方便的即插式连接管，一下子就把故障率降低了 40% 左右。为了生产出更多这样的好产品，补齐零部件领域存在的一些"短板"，安徽江淮汽车股份有限公司每年都会投入上亿元资金用于研发。在抓传统技术研发创新的同时，江淮汽车在战略上也大胆创新，重点把新能源汽车作为新的发力方向，明确提出了未来十年"新能源乘用车和商用车并举"的发展战略。下一步，江淮汽车将联合国内知名互联网企业投入百亿元资金，加快新能源汽车产业的发展。预计到 2025 年，江淮汽车的新能源汽车的产销量将达到 30 万辆以上，约占企业汽车总产销量的 1/3。

马鞍山钢铁股份有限公司是安徽省马鞍山市一家以生产建材为主的钢铁企业，也是我国特大型钢铁联合企业之一。在国内外需求疲弱的经济环境下，马钢发展遭遇瓶颈期，公司经营出现亏损迹象，产品结构调整势在必行。为此，马钢采用"技术改造 + 管理再造"的发展路径，一方面，争取各级政府技改资金 260 多亿元，开展技术创新、服务创新和人才开发、组织优化等，将生产重心转向汽车板这类板带中的精品。另一方面，通过管理激励制度创新提升生产效率和科研人员主动性。首先，马钢根据汽车行业需求的特点，革新制造系统，对计划、订单统一管理，严格执行各工序质量判定及入口验收标准，加大后工序对上工序的追溯评价力度，实现了生产、技术、质量、检验的一贯制管理。其次，实行科技项目招投标制度，打破过去的条条框框，对员工攻克的每一个技术难题给予 60 万左右的奖励。通过系列技术改造和管理再造，马钢实现了从生产型向经营型、从供应型向服务

型、从钢铁提供商向新材料服务商的转变。2016年，马钢汽车板产销量210万吨，成功扭亏为盈。

（二）智能和绿色发展齐头并进，化解传统产业产能过剩难题

　　煤炭行业是近年安徽传统产业中的亏损大户。党的十八大以来，安徽通过去产能、降成本、加大技术改造力度以及内部挖潜等多种举措，已使全行业在2016年前4月就比上年同期大幅减亏30多亿元。安徽省属企业皖北煤电集团就是其中的代表性企业之一。钱营孜矿是皖北煤电集团旗下产能最大的矿井，通过在机械化、自动化、信息化和智能化等方向上的突破，企业成功实现了扭亏为盈。2016年一季度，在煤价下降近100元/吨的情况下，钱营孜矿实现盈利达5000万元。除了大力推进各个矿井提高生产效率、降低生产成本外，皖北煤电集团还计划在3到5年内淘汰落后产能500万吨。与此同时，他们又将目光瞄准煤炭资源丰富的我国西部地区，正在通过谋求合作共赢，培育新的利润增长点。

　　早在2009年，平板玻璃就被国务院列为产能过剩行业，企业家都明白必须通过技术创新推动产业升级，蚌埠中建材信息显示材料有限公司总经理任红灿就是其中之一。依托蚌埠玻璃工业设计研究院承建的国家玻璃重点实验室，公司成功研发0.15毫米超薄浮法电子玻璃，这张只比A4纸厚一点点的玻璃不仅颠覆了人们的传统认知，也

蚌埠玻璃设计院研发的0.15毫米超薄玻璃

打开了前景广阔的市场，为下一步曲面显示、可穿戴设备的研制生产打下良好基础。此次 0.15 毫米超薄电子玻璃的成功拉引实现了从"超薄"到"极薄"的跨越，使公司成为目前国内唯一拥有 0.15 毫米至 1.1 毫米全系列品种超薄浮法电子玻璃技术和产品的企业，实现了我国浮法玻璃由传统领域向电子信息显示领域的完美跨越，打破了国外对电子信息显示行业上游关键原材料的长期垄断。这对推动中国建材集团玻璃板块调整和优化升级具有十分重要的意义，对我国电子信息产业赶超世界水平具有十分深远的影响，标志着中国玻璃行业在国际上正由追赶向领跑跨越，国际影响力和话语权不断增强。

如今在安徽各地，通过属地省级甚至国家级创新平台支撑企业研发创新，一批像玻璃制造一样的传统产业正在走向智能制造、绿色发展。

（三）产业和科技政策并驾齐驱，保障传统产业平稳健康发展

加快传统产业转型升级，是安徽实现由工业大省向工业强省跨越必须迈过的一道坎。面对经济新常态，安徽省把加快传统产业转型升级作为稳增长、调结构的基础性力量，瞄准制约传统产业发展的"瓶颈"，以深入实施供给侧结构性改革为契机，大力去产能、去库存、去杠杆、降成本、补短板，有力保障现代化五大发展美好安徽建设。

2015 年，安徽出台实施调转促"4105"行动计划，其中专门制定了《传统产业改造提升工程实施方案》，重点围绕钢铁、有色、化工、医药等九大传统行业，提出进一步强化改革、改组、改造，推动技术、产品、管理创新；与此同时，每年上万亿元的工业投资，也重点投向传统产业技术改造。2016 年，安徽实施工业技改项目 3000 多项，总投资达到 6000 亿元左右，其中 70% 用于传统产业。

2016 年，在新一届中共安徽省委、安徽省人民政府的正确领导下，

安徽大力实施五大发展行动计划，围绕国家战略部署和行动计划方案要求，出台实施一批支持传统产业发展的创新政策，有效支撑安徽传统产业向高端化、智能化、绿色化方向发展。为贯彻落实五大发展行动计划，深入实施《中国制造 2025 安徽篇》，推动制造业做大做强和提质增效，2017 年 4 月 22 日，安徽省政府印发《支持制造强省建设若干政策》，通过产业升级、企业培育、要素保障和激励机制等 4 个方面 10 条政策，突出支持高端、智能、绿色、精品、服务等五大制造。以加快制造强省建设为目标，以深化制造业与互联网融合发展为抓手，2017 年，安徽省政府先后编制出台《安徽省人民政府关于深化制造业与互联网融合发展的实施意见》《安徽省"十三五"信息化发展规划》。截至 2018 年底，安徽省累计已有 316 家企业通过国家两化融合管理体系评定，占全国通过企业总数近 10%，数量居全国第 4 位。2017—2018 年，安徽省 16 个项目入选国家智能制造试点示范、16 个项目入选工信部制造业"双创"试点示范、14 个项目入围国家制造业与互联网融合试点示范。

结合《中国制造 2025 安徽篇》《安徽省"十三五"技术改造规划》《安徽省制造强省建设行动方案（2017—2021 年）》，2017 月 6 月，安徽省经信委编制印发《安徽省大规模实施新一轮技术改造推进方案》（简称"《方案》"）。《方案》定位在推动技术改造的施工图、路径图、坐标系、目标系，编制中体现"新实准细"。"新"指的是运用新技术、新业态、新模式，实施新制造，推动生产、管理和营销模式变革，促进产品、企业、产业全面升级。"实"指的是在现有规划、指南、实施方案的基础上，进行整合和梳理，提出切合实际的目标、路径、举措。"准"指路径准，《方案》横向以"1+5"的实施路径（工业强基、高端制造、智能制造、绿色制造、精品制造、服务型制造）为维度，纵向以"7+5"（7 个高端制造业 +5 个传统产业）的产业体系为经度，明确每个产业在每个领域的重点路径、重点企业、重点项目、重点区域，并绘制多方位的推进路径关联度图谱，形成多方位、立体化、网格化、系统化推进格局，使每个产业推进每项任务都能找到准确的路径。"细"指目标细，将"5年累计完成技术改造投资4万亿元，推动规模以上工业企业技改高水平、持续化、全覆盖"的任务分解到每一年，将目标细化到每个地市、产业、企业，明确到投资额和项目数。在各项政策的带动下，2018年，安徽省技改投资同比增长34.6%，增速居全国第4位，实施亿元以上重点技改项目1162项，其中10亿元以上项目接近120项，技改带动全省工业投资加快增长。2018年，全省工业投资同比增长24.8%，增速居全国第2位。截至2018年底，安徽省已有9000多户规模以上企业实施了技术改造。

三、现代服务业砥砺奋进

党的十九大报告提出，加快发展现代服务业。服务业的发展水平，是衡量区域发达程度的重要标志之一。党的十八大以来，安徽把发展现代服务业作为调整优化产业结构、构筑现代产业新体系的重要支撑，以现代服务业集聚发展工程为主抓手，着力推进服务业供给侧结构性改革，服务业发展稳中向好，持续引领经济增长，为全省经济平稳健康运行提供了有力的支撑。2018年，安徽省实现服务业增加值增长8.6%，快于GDP增速0.6个百分点，服务业增加值占全省经济总量比重从2017年的42.9%提升到2018年的45.1%。2017—2018年，全省共认定省级服务业集聚区55家、省级示范园区30家。合肥商贸物流园获批成为安徽首个全国示范物流园区。合肥市、马鞍山市入选国家物流标准化试点，宿州市、黄山市、马鞍山市入选"宽带中国"示范城市，铜陵市铜官区成为国家"十三五"服务业综合改革试点。

（一）服务业发展新格局加速形成

"十三五"时期，安徽站在了一个新的历史起点，服务业加快发展面临黄金发展期、难得机遇期和奋力跨越期。为推动服务业又好又快发展，依据《安徽省国民经济和社会发展第十三个五年规划纲要》以及国家、省相关要求，2017年1月20日，安徽省政府办公厅印发《安徽省"十三五"服务业发展规划》，提出做大做强生产性服务业，全面提升生活性服务业水平，积极发展新技术、新模式、新业态，集中力量突破重点领域、关键环节，推动服务业创新发展、产业集聚、跨界融合，培育形成带动产业升级、民生改善、城乡统筹、促进经济社会可持续发展的新引擎。到2020年，基本建成功能完备、结构优化、布局合理、竞争力强的现代服务业产业体系。

《安徽省"十三五"服务业发展规划》提出形成安徽服务业发展"双核一带三区"空间格局。

"双核"即合肥高端服务业发展核和皖南国际文化旅游发展核，是牵引带动"十三五"服务业加快发展、代表安徽服务高度的战略高地。其中，合肥高端服务业发展核，以建设长三角城市群副中心城市为契机，加速高端服务业和新兴业态集聚，努力建设成为中国软件名城、全国生态文化旅游名城和全国重要的科技研发中心、金融服务中心、物流中心、信息中心。皖南国际文化旅游发展核，依托皖南国际文化旅游示范区的核心区域，以黄山为重点，积极推进文化、旅游、健康等产业深度融合，建成以文化旅游服务为特色、高品质、国际化的服务业示范区。

"一带"即皖江生产性服务业集聚带，依托皖江城市带承接产业转移示范区，进一步突出生产性服务业对推动产业结构转型升级的战略支撑，促进现代金融、现代物流、工业设计、电子商务、检验检测、节能环保等生产性服务业加速集聚，建成生产性服务业比较优势明显、与先进制造业互促互补、集聚融合的重要发展轴带。

"三区"即三大特色功能区域。"两淮一蚌"服务业引领转型区，结合淮南、淮北、蚌埠作为传统资源型城市和老工业基地的特色，利用淮河生态经济带建设契机，补齐服务业短板，建成全国重要的服务业引领产业接续替代、转型升级先行区。阜亳宿传统服务业优化提升区，发挥阜阳、亳州、宿州三市人口、农业资源和综合交通优势，提升传统服务业发展水平，着力创新发展农村服务业，建成中原经济区服务"三农"为主的服务业新增长极。大别山特色服务业加快培育区，积极发展与红色革命和生态资源相关服务业态，建成以"红色＋绿色"为特色的新兴服务业集聚区。

为推动规划更好落地，安徽还实施一系列配套举措。具体包括：

安徽"十三五"服务业发展规划空间布局图

完善省服务业重点项目库，按不同门类、建设性质、建设进度分类编制入库，项目实行实时申报、滚动管理；根据省政府相关工作部署，加快构建商务平台和口岸基础设施等专题项目库，努力形成省、市、项目单位上下联动、部门协同的推进机制；积极争取国家服务业、现代物流等中央专项资金，整合省级服务业发展引导资金，支持现代物流、科技服务、电子商务、文化创意等重点领域公共服务平台和重大产业项目建设，引导各类社会资金共同投向服务业领域。

在各项工作系统推动下，安徽服务业发展继续呈现增速平稳、结构优化、贡献突出、后劲增强的良好态势，新产业、新业态、新模式不断涌现，新动能、新支撑不断巩固。

（二）现代服务业集聚区加快建设

党的十八大以来，安徽围绕实施五大发展行动计划，全力推进服务业集聚发展工程建设。通过"十二五"时期的努力，现代服务业集聚区作为支撑安徽服务业发展的重要载体平台，总体规模逐步壮大，空间布局不断优化，产业特色初步显现，集聚效应明显增强，为安徽经济社会发展提供了有力支撑。

2017年，安徽省161个省级集聚区实现营业收入4851.3亿元，同比增长14.3%；完成税收172.9亿元，增长18.3%；实际完成投资额1777.8亿元，增长9.6%；入园企业数达4万家，增长15.8%；就业人员总数达91.7万人，增长10.2%，继续保持平稳较快增长态势。归纳安徽现代服务业集聚区发展的初步成效，主要包括如下三方面。

1. 规模集聚效应初步显现。2017年，安徽省161家省级服务业集聚区中，营业收入超100亿元的园区达到10个，50亿元～100亿元的13个，10亿元～50亿元的41个，合计占全部园区的比重近40%。通过省级集聚区示范带动，合肥市包河区国际金融后台服务基地入驻人行、中行、工行、建行、农行、交行等24家总部或综合基地。芜湖市镜湖区总部经济集聚区引进新五四创业联盟、易商数码、土拨鼠等创新型企业。

2.区域发展特色逐步形成。合肥市积极打造以动漫产业为主导的服务业集聚区，动漫产业年均增速超过70%。黄山市依托丰富的文化旅游资源，形成旅游、文化、生态"三位一体"产业集聚态势。芜湖市充分发挥多家国家级基地的品牌集聚效应，打造集产学研一体的文化产业园区。滁州市致力建设中国文具产业示范区，打造代表中国文具先进制造业水平、产业集群配套、低碳绿色的示范区。

3.公共服务水平显著提升。合肥市庐阳区三十岗旅游文化集聚区建设游客服务中心，为企业提供信息查询、技术创新、法规标准、创业辅导、市场开拓、人员培训等综合服务。芜湖市镜湖区金融集聚区设有资本市场综合交易中心、路演中心，为中小企业提供股权、债券等直接、间接融资渠道。蚌埠市高新技术创业服务中心建设技术、金融、创业、增值等多个专业平台，为企业提供商务、运营、技术、资本等服务。

（三）新兴服务业规模加速壮大

在《安徽省"十三五"服务业发展规划》的指导下，安徽还针对软件服务、科技服务、现代物流、现代金融等重点行业制定实施专项规划，同时不断加大对新兴服务业、幸福产业支持力度。

软件服务业实现突破。2017年，安徽省软件服务业实现收入615.6亿元，同比增长44.8%，实现利润总额59.5亿元，同比增长24%。亿元以上企业超过80家，科大讯飞、四创电子、华米科技、继远软件等9家骨干企业收入超10亿元，维天运通、协创物联网、百助网络等企业增速超过50%，"中国声谷"建设快速推进，入园企业超过200家。

科技服务业快速增长。2017年，安徽省科技服务业实现营业收入

270.2 亿元，增长 17.4%，增速比上年提高 3.3 个百分点。中国（合肥）工业设计城、马鞍山工业设计中心、芜湖弋江区青年创业园、蚌埠曹山工业设计小镇等集聚园区建设发展成效明显。

现代物流不断壮大。2017 年，安徽省交通运输、仓储和邮政业实现营业收入 1232.6 亿元，增长 16.1%，增速比上年提高 1.9 个百分点。货物运输周转量增长 4.9%，集装箱吞吐量增长 20.6%。完成快递业务量 8.63 亿件，增长 25.3%；实现业务收入 89.6 亿元，增长 26.9%，高于全国平均水平 2.2 个百分点。2017 年全省新增 A 级以上物流企业 29 家，引进中国物流、民生电商等全国性大型物流龙头企业 21 家。

现代金融加快培育。2017 年，安徽省金融业增加值 1663.6 亿元，同比增长 10.9%，占全部服务业的 14.6%。境内首发上市企业 102 家、上市辅导备案企业 76 家、新增"新三板"挂牌企业 82 家，均居中部首位。

电子商务蓬勃发展。2017 年，安徽省限额以上批发零售企业中开展网上零售业务的企业 569 家，共实现网上商品零售额 314 亿元，增长 39.4%，拉动限额以上消费品零售总额增长 1.6 个百分点。76 个县（市、区）实现电商进农村全覆盖，全省拥有各类农村电商经营主体近 7 万个，完成网上交易额增长 40% 以上。跨境电商发展良好，蜀山国际电子商务产业园实现营业收入 712 亿元，同比增长 19%。

新兴服务业发展呈现良好发展态势。数字经济成绩斐然，规模以上服务业企业中互联网和相关服务、信息技术咨询服务分别实现营业收入 46 亿元和 13.9 亿元，同比增长 33.7%、79.2%。智慧经济方兴未艾，合肥等市积极推进智慧城市建设，全国首家智慧医院在省立智慧医院建成运营。共享单车、共享汽车等分享经济增长迅速，并逐步拓展到设备、产能、技术等生产性服务业领域。

幸福产业更好服务人民对美好生活向往。旅游经济稳中快进，2017 年，安徽省国家 5A 级旅游景区增至 11 家，全域旅游示范区创建单位 19 个。2017 年，全省实现旅游总收入 6197 亿元，增长 25.6%，其中外汇收入 28.8 亿美元，增长 13.3%。文化产业加快发展，2017 年，安徽省规模以上文化企业发展到 2354 家，实现营收 2631 亿元，增长 12.7%，增速比全国高 1.9 个百分点。体育健康养老服务发展迅猛。2017 年，安徽省共举办（承办）各种体育赛事超过 1200 场次，健康安徽环江淮万人骑行大赛、合肥国际马拉松赛、黄山国际登山大会等赛事品牌效应明显增强。基本医保、大病保险、医疗救助实现全覆盖，医联体发展到 279 个，县域医共体建设扩大到 66 个县（市、区）。2017 年，全省共有各类养老机构 2585 家，每千名老年人拥有养老机构床位数达到 30 张。

2018 年 3 月，中共安徽省委、安徽省人民政府印发《关于促进经济高质量发展的若干意见》提出，围绕电子商务、旅游、会展、流通等传统服务业及新能源汽车、共享单车等新业态，通过设立专项资金、发展产业集聚区、财政奖补等方式，大力发展现代服务业。2018 年 9 月，安徽省人民政府印发《加快发展现代服务业若干政策》，政策围绕科技服务、现代金融、信息技术服务、现代物流、电子商务、商务咨询、人力资源服务、文化创意、旅游、健康养老家庭服务等十大重点领域，从推进集聚发展、加快主辅分离、实施重大项目等十个层面，通过优化布局、强化配套等措施，全面提升资源配置效率，为现代服务业发展营造浓厚氛围。在各项政策的激励下，安徽现代服务业必将成长为未来支撑全省经济增长的主力军。

构建企业技术创新体系

创新发展是历史进步的动力、时代发展的关键。创新发展要落地，关键在于建立健全支撑体系，其中技术和产业创新体系是心脏，平台和企业创新体系是躯干。党的十九大明确指出，要深化科技体制改革，建立以企业为主体、市场为导向、产学研深度融合的技术创新体系。"十二五"以来，安徽省围绕实施创新驱动发展战略和创新型省份建设目标，不断强化企业技术创新的主体地位，提升企业创新能力，积极培育壮大创新型企业规模，大力发展企业自主创新品牌，安徽企业技术创新体系建设取得了显著成效。

一、强化企业技术创新主导地位

企业持续发展之基、市场制胜之道在于创新，各类企业都要把创新牢牢抓住，不断增加创新研发投入，加强创新平台建设，培养创新人才队伍，促进创新链、产业链、市场需求有机衔接，争当创新驱动发展先行军。

——习近平

（一）科技投入力度持续增强

财政科技投入力度不断加大，引导支持企业技术创新。安徽省财政科技支出从 2011 年的 77.03 亿元增加到 2017 年的 260.4 亿元，年均增长率达 40%。2017 年，安徽省人民政府印发《支持科技创新若干政策》，以奖励、后补助、股权投资和债权投入等多种方式，重点支持科技研发、成果转化、企业孵化产业化、创新服务体系建设、知识产权创造保护和应用等。2018 年，《关于促进经济高质量发展的若干意见》出台，延续并丰富支持创新发展的财政激励等政策，省财政安排 120 亿元左右，采取产业基金、"借转补"等方式，支持"三重一创"、"四个一"创新主平台、四大创新支撑体系、制造强省、创新型省份、技工大省建设等，实现创新能力新提升，加快培育新动能。

财政科技投入方式不断改善，充分发挥财政杠杆效应。安徽省专项资金主要采取项目资助、奖励补助和股权投资的方式，重点支持自主创新能力提升、重点新产品研发和推广运用、高层次科技人才团队来皖创新创业、大型科学仪器设备共享共用等。围绕安徽省主导产业和市首位产业，在企业、市县先行投入前提下，对骨干企业开展研发、建设企业研发平台等购置所需关键仪器设备，以及企业境外研发机构设立或兼并，建设国家级研发平台，承担国家重大科技项目，采取奖励补助的方式给予支持。对上年度具有自主知识产权、技术含量高、首次（批）在市场推广应用并获批为国家级的重点新产品，采取奖励补助的方式给予支持。安徽省建立了"企业愿意干、政府再支持，市县愿意干、省里就支持"的推进机制，"省抓推动、市县为主、部门服务"的责任机制，依据市场和创新绩效评价进行后补助的激励机制，科技财政投入的杠杆效应不断显现。

企业研发经费投入不断增加，激发企业创新主体活力。安徽省高度重视企业技术创新主体建设，通过兑现税收优惠政策、安排专项资金等方式，鼓励支持企业增加研发投入、购置研发设备、建设研发机构，企业研发投入逐年增强。2017年，安徽省研发经费投入总量为564.9亿元，在全国排名第11位，R&D经费占GDP比重达2.09%。其中企业成为研发投入的主体，2017年企业R&D经费投入461.8亿元，占全省比例为81.7%。

表5-1　安徽省R&D经费构成情况（2016—2017年）

单位：亿元、%

指标 年度	科研机构		高等院校		企业		规模以上工业 企业		其他单位		全省
	R&D 经费	占全省 比重	R&D 经费	占全省 比重	R&D 经费	占全省 比重	R&D 经费	占全省 比重	R&D 经费	占全省 比重	R&D 经费
2016	47.8	10.1	27.0	5.7	391.7	82.4	370.9	78.1	8.7	1.8	475.1
2017	58.3	10.3	32.6	5.8	461.8	81.7	436.1	77.2	12.2	2.2	564.9

数据来源：省统计局

（二）创新载体建设持续推进

企业科技创新平台建设逐步加快，促进企业自主创新能力提升。企业科技创新平台因其整合创新资源、培育创新主体、提升服务能力等功能，逐渐成为科技部门服务企业的核心抓手。安徽省大力实施重点实验室培育计划，择优遴选一批实验室进行滚动支持，发挥高水平创新平台引领作用。积极打造国家级创新平台，对新认定的国家级重点（工程）实验室、工程（技术）研究中心、质检中心以及企业技术中心，省、市（县）分别给予500万元、300万元、200万元和100万元一次性奖励。截至2017年底，安徽省共有国家级工程技术研究中心、工程研究中心、工程实验室22家，省级工程技术研究中心、工程研究中心、工程实验室778家，国家级质量监督检验中心22家，省级质量监督检验中心71家，国家级企业技术研究中心69家，省级企业技术研究中心1244家，覆盖了电子信息和家用电器、汽车和装备制造、新材料、新能源、食品医药、轻工纺织、现代服务业等主导产业。其中，也涌现出一批在行业内有重要地位的企业研发机构，如国家特种显示工程技术研究中心、国家玻璃深加工工程技术研究中心、合肥通用机械研究院等。截至2016年底，安徽省共拥有国家级研发机构168家。

合肥市在安徽省企业创新平台快速发展的背景下，以解决关键技术环节为重点，搭建共性技术研发平台。本着"企业为主体、高校为主角、政府支持服务"的原则，合肥市建设了语音信息、新能源汽车、家电、循环经济、现代显示、光伏光热、节能、农产品加工等10家战略性新兴产业研究院，集聚研发人员1065名，以新兴产业发展为引领，以解决关键技术为支撑，以实体化运作为方向，以转化科技成果为目标，围绕产业需求，集聚了高校院所相关学科优势资源和30多家龙头企业实现产学研的结合、开放的联合、资源的整合"三合目标"，研发出国内首台太赫兹人体安检仪、液晶显示工程化样机、抗菌家电材料国家强制标准等一批标志性成果。

案例 1

国家特种显示工程技术研究中心

国家特种显示工程技术研究中心位于安徽省芜湖市，依托安徽华东光电研究所（原芜湖电真空研究所），是我国唯一的国家特种显示工程技术研究中心、国家特种彩色显示技术工业试验基地，建有国家博士后科研工作站。

国家特种显示工程技术研究中心的技术水平、成果、装备方面均居国内前列，开拓了"微波技术""高能放电管""特种光源"等一系列新的专业领域，建有我国唯一的特种彩管科研生产线、特种高亮度显示管国标生产线、平板显示和立体显示科研生产线、显示组件和模块研制线、高能放电管科研生产线、行波管生产线、特种显示技术检测试验中心、模具加工中心、特种电子玻璃生产线，等等，共取得科研成果100多项，其中国家级重大科研成果、国家科技进步奖、省部级科技进步奖一等奖等几十项，拥有多项自主知识产权和国家专利。

案例 2

合肥通用机械研究院

合肥通用机械研究院建院（所）以来，取得各类科研成果3000余项，获国家科技进步奖30余项、省部级科技进步奖400余项。历史上，创造了化肥、化工、石化等领域重大工程装备的多个"中国第一"；近年来，立足国家战略和行业需求，为西气东输、千万吨炼油、百万吨乙烯、国家战略油储备等国家重大工程建设提供一大批长寿命、高可靠性的关键设备，解决诸多行业共性和关键技术难题。

2014 年，合肥通用机械研究院主持完成的极端条件下重要压力容器的设计、制造与维护项目，荣获国家科技进步一等奖。这是近十年来合肥市企业主持完成的首个获得国家科技进步一等奖的项目。

积极搭建科技创新服务平台，形成科技资源共享机制。"科技路路通"是安徽省技术转移体系和科技创新服务体系建设的新探索，也是合芜蚌试验区创新平台建设的重要内容，有效地整合了高等学校、科研院所、科技中介服务机构以及骨干企业等优势单位资源，面向企业技术创新共性需求提供公共服务。2009 年安徽省"科技路路通"工作启动以来，建成了"科技路路通"省总中心，合肥、芜湖、蚌埠 3 市分中心，25 个服务站和 16 家技术转移示范机构，基本完成信息中心、服务中心和交易中心建设，初步形成了"科技路路通门户网"和 10 个基础数据库的格局，实现了与上海、江苏、浙江技术交易市场实时连接；在整合现有分散平台的基础上，设立了 35 个创新创业公共服务子平台，并启动建设生物医药、汽车及关键零部件、光伏等专业技术服务平台。

在安徽省科技创新服务平台建设快速发展的基础上，合肥市以优化创新服务为宗旨，逐步构建科技资源共享机制。依托国家级合肥高新技术产业开发区，建成全省最大的 126 万平方米集中连片创新创业孵化基地，初步构建了"源

合肥科技创新公共服务中心

头创新—技术开发—成果转化—产业创新"的创新全链条。建设合肥科技创新公共服务中心，形成"科技超市"，实现"找成果、找仪器、找文献、找企业、找资金、找专家、找政策、找人才"一站式服务。着力降低企业研发成本，推进大型科学仪器设备共享，集聚 1000 多套（台）仪器设备，已有近千家企业使用共享资源。

通过一系列行之有效的举措，安徽企业创新主体地位得到强化，全省 87% 的研发活动、85% 的研发机构、77% 的研发人员、80% 的研发经费、74% 的授权专利、94% 的国家或行业标准均出自企业，企业已成为科研组织的主体、科技投入的主体和成果转化的主体。

二、培育壮大创新型企业

我们将大力实施创新驱动发展战略，把发展着力点更多放在创新上，发挥创新激励经济增长的乘数效应，破除体制机制障碍，让市场真正成为配置创新资源的决定性力量，让企业真正成为技术创新主体。

——习近平

（一）高新技术企业培育力度不断加大

企业是创新的源泉，高新技术企业是企业中最具创新优势的骨干力量，也是经济发展方式转变的"带头羊"、产业结构优化升级的"领头雁"。党的十八大以来，安徽省在实施创新驱动发展战略中，更加突出对高新技术企业和产业的培育力度，有效推动和实现了高新技术企业的快速成长，并成为安徽省转型发展的动力源泉。同时，为了培育更多高新技术企业的后备力量，安徽省还专门制定出台《关于加快高新技术企业培育的实施意见》，除了深挖高校科研院所的潜力外，还在全省组织开展"江淮双创汇"等活动，努力探寻高新技术企业的源头活水。2017年5月，由马鞍山举办的第三届全球创客大赛一次性就吸引了30多家省内外创新团队积极参与，获奖的团队和项目都可以得到完整的政策支持和培育。安徽省还启动了高新技术企业培育入库工程，在全省征集近1500家具有良好发展前景的科技型初创企业，给予专门的培育，大大提高了高新技术企业培育的针对性和有效性。

围绕全省24个战略性新兴产业集聚发展基地，并结合"三重一创"建设，安徽正在努力构建技术和产业、平台和企业、金融和资本、制度和政策的创新体系。在此推动下，安徽省高新技术企业队伍和产业规模也迎来了历史上最好的发展时期。截至2017年底，安徽省的高新技术企业数达4310家，高新技术产业产值增幅20.4%，高新技术产业增加值增幅14.8%。2017年，全省高新技术企业当年申请专利46252项，占全省专利申请总数的26.30%；当年授权专利25521项，占全省专利授权总数的43.84%。总收入亿元以上的高新技术企业1194家，10亿元以上的161家，百亿元以上的10家；上市高新技术企业563家。

案例3

奇瑞的"大研发"格局

高新技术企业以技术创新为核心竞争力，是企业中的精英。从创立之初，奇瑞就坚持自主创新，将"自主创新"作为发展战略的核心，努力成为一个技术型企业。在V字型正向开发体系的基础上，奇瑞建成以奇瑞上海技术中心（CTCS）为引擎，以芜湖汽车工程研发总院为核心，融合观致、奇瑞捷豹路虎的研发人才的协同研发的"大研发"格局，形成了从整车、动力总成、关键零部件开发到试制、试验较为完整的产品研发体系。通过自主创新，奇瑞在 DVVT 双可变气门正时技术、TGDI 涡轮增压缸内直喷技术、CVT 无级变速器、新能源以及智能技术等核心技术上获得突破，带动了全系产品的全面技术升级。

截至 2017 年底，奇瑞累计申请专利 15612 件，授权专利 9835 件，拥有发明专利 2842 件，位居中国汽车行业前列。

（二）"科技小巨人"扶持力度持续加强

科技型小微企业作为高新技术产业和企业技术创新体系建设的后备力量，一直是安徽省培育的重点，安徽省通过各种措施加快寻找培育对象，给予扶持。2013 年起，安徽省实行"科技小巨人"计划，对成长性较好、创新水平较高的小微企业给予专项扶持，帮助其进一步壮大规模，创新实力。

以合肥市为例，入选"科技小巨人"的企业能够享受政策、资金、人才等全方位支持。"科技小巨人"企业享有优先被推荐承担国家或省重大科技专项、重点研发计划等的优惠政策，争取国家和省相关项目资金支持。增长速度快、发展潜力大、行业带动作用明显的"科技小巨人"企业，还能享有一定的自主创新研发项目支持。此外，合肥市还鼓励省、市产业投资基金优先支持"科技小巨人"企业，支持其上市融资；组织风险投资机构、科技保险服务机构与"科技小巨人"企业进行对接，促进金融担保机构建立"科技小巨人"企业信用担保贷款池，为其发展提供资金保障；支持在行业细分领域组建以"科技小巨人"企业为龙头的产业创新战略联盟，开展协同创新和市场开拓。促进"科技小巨人"企业与高校院所、创新平台的对接，特别是与合肥市创新平台和战略性新兴产业研究院的产学研结合，加速技术转移和科技成果转化。除了获得资金、政策的扶持外，"科技小巨人"企业还能得到强力的人才支撑。合肥市为符合条件的"科技小巨人"企业搭建高端人才平台，建设博士后工作站、院士专家工作站等；搭建与国内外龙头企业对接平台，组织企业参加专业会展、技术研讨交流等活动，提高企业的行业影响力和产品知名度。

安徽省持续实施"专精特新"中小企业培育工程，培育了一批创新能力强、特色突出、在国内细分市场占有优势地位的行业"配套专家""单打冠军"和"科技小巨人"。截至 2017 年底，安徽省"专精特新"企业达 1700 户，1640 户正常生产运营，虽然仅占全省规模以上中小工业企业数量的 8%，却贡献了 9.6% 的主营业务收入和 12.6% 的利润。2017 年，安徽省"专精特新"企业实现主营业务收入 4161 亿元，同比增长 14.5%；利润总额 287.8 亿元，同比增长 16.9%，呈现出资产、就业、速度、效益全面上升的良好态势。2017 年，安徽省择优 500 户"专精特新"中小企业给予一次性奖补，兑现奖补资金 2.6 亿元；在省区域性股权交易市场设立安徽省"专精特新板"，2017 年首批挂牌企业 169 家。省级"专精特新"中小企业可获得一系列资金和政策支持。

经过多年发展，安徽省"科技小巨人"企业扶持成效显著。全省涌现出一大批行业"科技小巨人"，比如科大讯飞、安科生物、美亚光电、阳光电源、国轩高科、埃夫特机器人，等等。其中科大讯飞的智能语音技术代表了当今世界最高水平，中文语音合成技术在国内、国际权威机构的评测中均名列第一，使机器合成语音效果超过普通人说话水平，并与中国移动、中国电信、中国联通三大电信运营商全面建立战略合作关系。科大讯飞在中国语音市场的占有率已达 70% 以上，开发商已达 500 余家，以讯飞为核心的中文语音产业链已初步形成。

（三）科技企业孵化器建设力度逐步增强

科技企业孵化器是国家创新体系的重要组成部分，是科技成果转化和产业化的重要载体、连接科技知识创新和高新技术产业的重要纽带、孵化科技企业和培育科技企业家的摇篮。安徽省高度重视科技企业孵化器建设工作，先后出台了《安徽省"十二五"科技企业孵化器发展规划》《安徽省科技企业孵化器认定和管理办法》等指导性文件，每年面向全省孵化器从业人员开展了孵化器从业人员培训工作，开发了"基于GIS的安徽省科技企业孵化器动态信息管理系统"，实施孵化器绩效考核制度，有效促进了全省孵化器的良性发展和能力提升。成立安徽省科技企业孵化器协会，加强安徽省科技企业孵化器之间以及和国际、国内其他孵化器之间的交流、联系与合作，促进安徽省科技企业孵化器进一步向国际化、规范化、专业化方向发展。

自1992年安徽省首家科技企业孵化器——合肥高新技术创业服务中心成立以来，经过20多年的建设和发展，安徽省科技企业孵化器事业取得了长足的进步，已成为安徽省科技成果转化、培育科技型中小企业的大平台，成为积聚创新资源的有效载体。合肥高新创业园被国家科技部火炬中心列为"创业苗圃＋孵化器＋加速器"链条建设示范单位，为安徽各类孵化平台做出了榜样。

合肥市成功获批小微企业创业创新基地示范城市以来，强化政策引领，制定出台了众创空间及科技企业孵化器认定和管理办法，加快发展各类众创空间，为合肥市加快大众创新创业步伐奠定了坚实的基础，创业孵化链条不断完善。政府、龙头企业、民间资本协同发力，建成全公益型（合肥科技创业苗圃）、企业平台型（讯飞"粒子空间"）、投资服务型（洪泰创新空间）、开放空间型（5F创咖）、活动组织型（梦工厂）和垂直产业型等各种类型众创空间，与合肥市孵化器、加速器等构建完整的孵化链条，进一步优化了大众创新创业环境。孵化功能建设逐步加强。合肥以加强短期融资、创业辅导、公共技术平台等功能内涵为重点，鼓励持股孵化、创业实训、集体户注册等模式；努力探索线上线下孵化模式，如讯飞语音孵化器有13万多线上开发者，线下入园企业47家。注重营造良好的创新创业氛围。通过承办国家及合芜蚌创新创业大赛，举办大学生创业大赛、庐阳创业大赛、工业设计大赛等各类大赛，从大赛中遴选出优秀的创新创业团队予以政策扶持，促进企业孵化，形成全社会鼓励创新的良好氛围。

马鞍山市科技局主动呼应国家、省全面推进双创工作的新形势和新要求，健全完善科技创新服务体系，通过打造"三链一圈"推进大众创业、万众创新。打造资金链。发挥政府资金引导作用，努力构建"孵化资金＋助创贷＋创新券＋专利贷＋天使资金＋风险投资"的资金链，在全省率先建立"创业天使投资引导基金"，招募优秀天使投资机构来马鞍山组建天使投资子基金，形成了较为完善的科技金融体系。打造孵化链。完善创新创业孵化链条，推进众创空间和加速器建设，促进孵化业务向前端延伸、向后端扩张，逐步形成"众创空间＋创业苗圃＋孵化器＋加速器＋产业基地"的完整孵化体系。打造服务链。依托互联网技术，依托国内知名制造业科技服务机构，共享长三角乃至全国科技资源，搭建"互联网＋"技术服务平台，为本地科技型中小企业提供科技成果展示、技术难题求解、在线对接、技术交易等各项服务，实现线上线下互动互补。培育"生态圈"。通过举办创新创业大赛、展会、培训咨询、项目路演、投资对接等一系列丰富多彩的创新创业活动，快速将"双创"理念植入社会、植入人心，每年一度的全球创客（马鞍山）大赛吸引近千名国内外创客聚集马鞍山，通过活动加快促进人才、项目、企业、资本和服务集聚，逐步形成"以活动聚集人气、以活动营造氛围、以活动推动发展"的生态体系。

安徽省科技企业孵化器除涵盖全省绝大部分城市外，还延伸到经济相对发达的县区，如宁国、舒城、肥东等，范围越来越广，社会影响越来越大，资金来源渠道呈现多元化的趋势，特别是民营资本、风险资本开始向孵化器倾斜，综合性孵化器、专业性孵化器共同发展，呈现出良好的发展势头。截至2017年底，安徽省已建设科技企业孵化器151家，其中国家级25家、省级59家。孵化场地面积338.1万平方米，在孵企业5251家，在孵企业总收入141.5亿元，累计毕业企业2706家，其中当年毕业企业494家。安徽省建成市级以上各类众创空间260家，其中国家级42家。安徽省科技企业孵化器发展呈现良好态势，规模迅速扩大，结构日渐优化，孵化成效明显，孵化器协会工作也开展得有声有色，为孵化科技型中小企业创造了良好的环境，有力促进了安徽省创新型企业的发展。

案例4

国有孵化器第一股：合肥高创股份有限公司

合肥高创股份有限公司（以下简称"合肥高创"）于2017年1月6日在全国中小企业股份转让系统正式挂牌敲钟（合肥高创股票代码870176），成为全国首家在新三板挂牌的国有孵化器管理公司。

合肥高创成立于2003年9月，是合肥高新技术产业开发区管委会直属的科技企业孵化器、加速器和创新平台的运营管理机构。合肥高创服务和管理着从"众创空间"到"产业基地"的全程孵化链条物理空间，包括集思空间、合肥软件园、合肥留学人员创业园、新材料园、机电产业园、合肥创新产业园及合芜蚌科技创新公共服务中心等，服务辐射面积达130余万平方米。"十二五"以来，合肥高创服务管理的园区在企业规模、经济贡献和科技指标方面均再上新台阶。截至2017年底，园区入驻企业达到1019家；累计培育国家级高新技术企业316家，上市公司8家，新三板挂牌企业24家，科技板挂牌企业47家。

合肥高创依托现有的孵化资源和业绩基础，通过在源头创新、要素集聚、政策优惠、金融支持、文化创建五大方面深耕细作，不断解码创业主体的"双创基因"，推出了以"互联网＋政府服务"为着力点的可兑现有价电子凭证——"合创券"，在此基础上，打造全面实现政策申报审批信息化的"政策通"服务，打出政策兑现的"快拳"。此外，整合办公房源、政府增信金融产品等双创信息的大数据服务"市场汇"也正在开发，将为提高信息匹配效率发挥积极作用。

三、培育发展自主创新品牌

要加快构建以企业为主体、市场为导向、产学研相结合的技术创新体系，加强创新人才队伍建设，搭建创新服务平台，推动科技和经济紧密结合，努力实现优势领域、共性技术、关键技术的重大突破，推动中国制造向中国创造转变、中国速度向中国质量转变、中国产品向中国品牌转变。

——习近平

（一）"安徽制造"迈向"安徽创造"

自主创新能力的提升是培育自主创新品牌的基础，而标准、计量、认证认可、检验检测等质量基础建设的推进，为企业创新提供了有力支撑。从世界首条纯电动公交路线开通，到搭载国轩电池的上汽 EV80 亮相英国伯明翰车展，再到国轩高科获得国内首张欧洲市场的"通行证"……作为安徽省政府质量奖获奖企业，国轩高科凭借科技创新和质量管理，一步步走向质量之巅，成为"安徽制造"迈向"安徽创造"的企业代表。磷酸铁锂电池，是国轩高科的"王牌产品"。2016 年，随着技术的进步，国轩高科磷酸铁锂电池能源密度从 21.5 安时提升到 27 安时，同比提升约 20%，市场占有率稳居全球前五。截至 2017 年底，公司累计申请国内专利 1763 项、国际专利 133 项，发表学术论文 191 篇，参与制定国家标准 18 项，参与制定行业标准 10 项，专利成果覆盖锂离子电池制备的全过程。

在中博会安徽展区，一款像鸡蛋一样圆滚滚的教育陪伴机器人——阿尔法蛋，不仅会聊天、唱歌、翻译，还会自主学习。凭借多年源头技术积累，科大讯飞在认知智能领域，相继获得国际认知智能测试全球第一、国际知识图谱构建大赛核心任务全球第一的好成绩，同时在国际语音识别大赛上夺得全部指标第一，并占有全球中文主流语音市场 70% 以上份额。

"十二五"以来，安徽省坚持创新驱动发展战略，高度重视企业自主创新能力提升，推进科技兴检，并加快标准、计量、认证认可、检验检测等质量基础建设，为创新体系提供强有力技术支撑。截至 2017 年底，安徽省已建成国家质检中心 22 个，国家重点实验室 10 个，拥有国家级标准化试点示范项目近 200 个，累计发布地方标准 2000 余项，马钢公司、合肥通用机械研究院、合肥京东方等单位研制的 3 项标准荣获中国标准创新贡献奖。

（二）"安徽速度"蝶变"安徽质量"

质量是企业的生命，只有以质取胜，方能抢得先机。一根 8 毫米粗的铜杆，经过拉丝等工序处理，瞬间变成 0.1 毫米粗的铜丝，无为县华菱电缆集团随着产品质量的不断提升，订单不断，产品供不应求，还出口到印尼、巴基斯坦等国家。"国家高新技术企业""国家地方联合工程研究中心""中国驰名商标"，一个个牌匾见证着华菱电缆的质量发展。"十二五"以来，随着卓越绩效管理制度和质量管理体系的建立，无为县电缆产业逐步向质量和效益转变。截至 2017 年 6 月，无为县企业拥有中国驰名商标 10 件、安徽名牌 43 个，参与制定修订国家或行业标准 28 个，主导制定电线电缆地方标准 10 个，产品远销全国 30 多个省市区及东南亚等地区，产值超过 440 亿元，并一举跃升为全国唯一的特种电缆产业知名品牌示范区。

安徽华菱电缆集团有限公司

"十二五"以来，安徽省持续推进质量安徽建设，坚定走以质取胜的发展新路，以质量促转型、以品牌带升级，推动"安徽速度"向"安徽质量"转变，实现了供给体系全面升级。安徽省工业产品质量平均合格率连续 12 年稳定提高；交通、水利、建筑等工程质量保持较高水平，其中水利工程一次验收合格率 100%；服务质量明显改善，安徽省成为全国唯一的政务服务标准化试点省。

（三）"安徽品牌"升级"中国品牌"

安徽省大力实施商标品牌战略，开展质量品牌升级工程，开展"增品种、提品质、创品牌"行动，培育拥有核心竞争力的自主品牌和质量标杆，市场主体商标知识产权意识和品牌意识明显增强，全省新申请商标注册量、有效注册商标数量大幅攀升，在全国的位次不断前移。2017年，安徽省全年累计商标申请量达到16.3万件，首次实现当年申请量突破10万件大关，月均申请量逾1万件，增速居全国第4位。安徽省有效注册商标量由2012年年底的10.66万件上升到2017年的30.1万件，在全国排名第12位。

随着安徽省经济的快速发展，企业实力不断增强，商标品牌数量也越来越多。"驰名商标"拥有数已从2012年的116件发展到2017年的266件，省著名商标由1348件上升到3167件，数量分别居全国第11位、第8位。各个市县、各个行业都有一大批叫得响、有竞争力的安徽商标品牌，商标品牌在一、二、三产业中都得到了较快发展，在旅游业、餐饮业、物流业、文化产业实现中国驰名商标"零的突破"，其中制造业和民营经济的驰名商标和著名商标占比超过80%。海螺水泥、奇瑞汽车、江淮汽车、马钢、铜冠、六国等商标品牌已享誉全国，科大讯飞、三只松鼠等新品牌异军突起。品牌集群效应显现，区域品牌和产业品牌规模壮大。截至2018年6月，安徽省地理标志商标总数达到130件。已认定的75个省级专业商标品牌基地拥有驰名商标108件、著名商标580件，2015年的产值已达6418亿元，形成了龙头企业带动、产业集聚、品牌荟萃的规模经济效应。商标品牌的快速发展，有力地支持了成长性企业和特色企业的自主品牌建设，对提升企业竞争力、开展自主创新，发挥了积极的推动作用。

"十二五"以来，随着品牌战略的实施，安徽省品牌数量和品牌经济规模显著扩大，质量品牌领军企业数量显著增加。仅2016年，就培育了国家地理标志保护、老字号等国家级品牌132个，安徽名牌、著名商标等各类省级品牌1500余个，品牌企业对全省工业产值和税收的贡献率均超过40%。

同时，以商标品牌获得资金支持，企业的品牌意识进一步提升。安徽省企业在商标许可、转让、商标品牌投资入股、融资、品牌连锁经营等方面日趋活跃，尤其是商标品牌质押融资，独具安徽特色，融资额多年名列前茅，帮助众多中小企业有效缓解了融资困难。2018年1—6月，安徽省共帮助企业办理商标质押贷款74件，质押商标395件，质押融资金额50534万元，办件量占全国15.5%。截至2018年6月底，安徽省累计办理商标质押贷款1950件，累计融资额173.7亿元，继续保持全国领先、中西部第一的优势。

案例5

"追随者"变身"领跑者"

2016年7月，两辆装配着马钢动车组车轮的中国标准动车组，风驰电掣，成功完成时速超420公里的世界最高速动车组交会、重联试验。交会试验的成功，进一步印证了马钢动车组车轮卓越的运行品质和安全性能，宣告马钢动车组车轮研发、制造技术由世界的"追随者"成为"领跑者"。

我国高铁事业虽高速发展，但车轮大多依赖进口。"十二五"以来，马钢时速250公里、350公里动车组车轮先后装车考核，2016年底完成60万公里的考核试验，性能全部达标，并顺利通过CRCC认证，已经从验证试验阶段，实质性地走到了商业化批量供应阶段。动车组车轮所带来的品牌效应日益凸显，马钢集团成功实现扭亏为盈，2017年一季度以同比大幅扭亏为盈9.01亿元的成绩，位列中国上市钢企利润榜前三。

马钢集团以动车组车轮为突破口，成功实现"安徽品牌"向"中国品牌""世界品牌"升级，是安徽省实施质量品牌升级工程、打造质量标杆的一个生动实践。

建立健全区域
创新体系

"不谋全局者，不足谋一域。"经济新常态下，我国实行区域发展总体战略，更加注重统筹协调，通过培育若干带动区域协同发展的增长极，最大限度发挥辐射带动作用，为经济保持中高速增长培育广阔的区域发展新空间。安徽，位于承接沿海发达地区经济辐射和产业转移的前沿地带，是实施西部大开发、中部崛起战略的桥头堡，处于"一带一路"和长江经济带的重要节点。在加快融入世界经济大循环，打造内陆开放新高地的进程中，更加需要建立健全区域创新体系，促进区域经济协调发展，绘好"一张图"，走活"一盘棋"，为经济社会发展开拓新空间、注入新动力。

一、合芜蚌示范区建设

协调是发展两点论和重点论的统一，在发展思路上既要着力破解难题、补齐短板，又要考虑巩固和厚植原有优势；协调是发展平衡和不平衡的统一，平衡是相对的，不平衡是绝对的，强调协调发展不是搞平均主义，而是更注重发展机会公平、更注重资源配置均衡；协调是发展短板和潜力的统一，要通过补齐短板挖掘发展潜力、增强发展后劲。

——习近平

安徽在全国率先开辟的自主创新"试验田"——合芜蚌自主创新综合配套改革试验区，经过8年的自主创新实践，被确定为国家自主创新示范区。

合芜蚌示范区始终坚持科技创新与体制机制创新"双轮驱动"，积极探索把创新落实到实实在在产业贡献上、落实到创造更多社会财富上，努力打造大众创业、万众创新的发展新格局，初步探索走出一条以重点区域带动全省创新的发展之路。

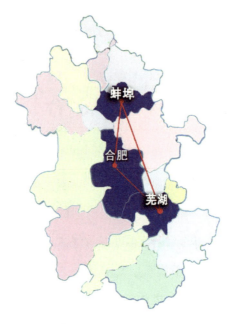

安徽合芜蚌国家自主创新示范区示意图

（一）建设历程

2008 年 1 月，时任中共中央总书记胡锦涛同志视察安徽时指出，安徽教育资源比较丰富，科技实力比较强，应该在自主创新方面有更大作为。为贯彻落实胡锦涛总书记讲话精神，推动安徽自主创新再上新水平，中共安徽省委、安徽省人民政府决定在合肥国家技术创新型试点市建设的基础上，以合肥、芜湖、蚌埠三市为中心，建设合芜蚌自主创新综合配套改革试验区（后更名为"合芜蚌自主创新综合试验区"，简称"合芜蚌试验区"）。同年 9 月，中共安徽省委、安徽省人民政府成立了合芜蚌自主创新综合试验区领导小组，省委、省政府主要领导任组长，召开了第一次领导小组会议。

2008 年 10 月 17 日，中共安徽省委、安徽省人民政府在合肥召开全省推进自主创新暨建设合芜蚌自主创新综合配套改革试验区动员大

116

会。《关于合芜蚌自主创新综合配套改革试验区的实施意见（试行）》（皖发〔2008〕17号）和《关于推进合芜蚌自主创新综合配套改革试验区工作的若干政策措施（试行）》（皖发〔2008〕18号），以及相应的配套支持政策相继出台。同时，中共安徽省委、安徽省人民政府及有关部门结合安徽实际，还出台了一系列可操作性强、含金量高的创新试点政策，合芜蚌试验区建设从此揭开序幕。

2009年12月，经国务院批准，科技部、发改委、教育部、财政部和中国科学院批复，同意成立合芜蚌自主创新综合试验区部际协调小组。合芜蚌试验区自此进入国家推进层面，成为全国三大自主创新试验示范区之一。

2010年6月，科技部批准合肥高新区创新型科技园区建设，合肥高新区步入国家创新型科技园区行列。

2010年9月13日，合芜蚌自主创新综合试验区工作部际协调小组第一次会议在北京召开，科技部、发改委、教育部、财政部、中国科学院等国家部委参加，合芜蚌试验区建设得到国家部委大力支持。

2010年9月26日，国务院致函安徽省人民政府，同意芜湖高新技术产业园区升格为国家高新技术产业开发区，定名为芜湖高新技术产业开发区，实行现行的国家高新区政策。

2010年11月29日，国务院致函安徽省人民政府，同意蚌埠高新区升格为国家高新技术产业开发区。至此，合芜蚌自主创新综合试验区的三个高新区全部进入"国家队"。

2010年12月1日，合芜蚌自主创新综合试验区和安徽国家技术创新工程试点省建设现场会在芜湖召开。

2011年1月14日，安徽省财政厅和省科技厅出台了《安徽省国家技术创新工程试点省和合芜蚌自主创新综合试验区专项资金项目扶持管理办法（试行）》（财教〔2011〕264号），财政性资金的引导和带动作用得到了充分保障。

2011年2月24日，合芜蚌自主创新综合试验区领导小组第五次会议召开，审议通过了《合芜蚌自主创新综合试验区"十二五"发展规划纲要》（皖政办〔2011〕36号），为未来5年合芜蚌试验区的发展勾勒出了蓝图。

2011年4月9日，时任中共中央政治局常委、中央书记处书记、国家副主席习近平在安徽考察时指出，"安徽在自主创新方面具备良好基础"。安徽要紧紧抓住科技成果转化这一核心问题，把"盆景"升级为"风景"，使科技进步在经济社会发展中发挥更大的引领和推动作用。

2011年7月，经国务院批准，合芜蚌试验区参照中关村国家自主创新示范区开展企业股权和分红激励试点，试验区进入国家"3+1"示范区序列，并列入国家"十二五"科技发展规划。

2011年11月26日，中共安徽省委、安徽省人民政府召开合芜蚌自主创新综合试验区建设推进暨重大政策试点启动大会，出台《安徽省人民政府关于印发合芜蚌自主创新综合试验区企业股权和分红激励试点工作指导意见的通知》（皖政〔2011〕100号）。安徽省财政厅等部门出台了7个相关配套细则，形成了企业股权和分红激励试点"1+7"政策体系。

2012年3月26日，中共安徽省委、安徽省人民政府出台《关于建设合芜蚌自主创新综合试验区人才特区的意见》（皖发〔2012〕7号），为"十二五"时期合芜蚌人才特区的建设指明方向。

2012年5月24日，合芜蚌自主创新综合试验区与北京中关村国家自主创新示范区签署战略合作协议。双方将通过协同开展股权激励等重大政策试点和体制机制创新、搭建创新和服务平台、开展重大科技攻关、促进科技成果转化、推进人才交流等方面合作，建立有效的工作对接和推进机制，携手打造具有全球影响力的科技创新中心和区域经济体。

2013 年 2 月 26 日，经国务院批准，财政部、国家税务总局发文，给予合芜蚌自主创新综合试验区与北京中关村、武汉东湖、上海张江国家自主创新示范区同等享受研发费用加计扣除、职工教育经费税前扣除和股权奖励个人所得税分期缴纳三项税收试点政策。

2013 年 9 月 26 日，中央级事业单位科技成果处置和收益权管理改革试点实施范围从中关村扩大到东湖、张江国家自主创新示范区和合芜蚌自主创新综合试验区，简化科技成果处置的审批程序，并将处置收益全部上缴中央国库改为分段按比例留归单位、其余部分上缴中央国库。

2014 年 9 月 26 日，经国务院常务会议决定，财政部、科技部和国家知识产权局出台《关于开展深化中央级事业单位科技成果使用、处置和收益管理改革试点的通知》（财教〔2014〕233 号），将在国家自主创新示范区、合芜蚌自主创新综合试验区，对部分符合条件的中央级事业单位开展为期一年的科技成果使用、处置和收益管理改革试点。

2015 年 8 月 28 日，中共中央办公厅、国务院办公厅出台《关于在部分区域系统推进全面创新改革试验的总体方案》。安徽省依托合芜蚌试验区开展先行先试，成为全国 8 个全面创新改革试验区域之一。安徽将在科技基础设施建设、普惠性税收政策、人才培养与引进等方面开展先行先试，破除体制机制障碍，推动科技创新，开展系统性、整体性、协同性推动创新改革试验。

2016 年 4 月，习近平总书记视察安徽，为未来安徽科技发展指明方向。总书记指出，安徽在科技、教育、人才方面有自己的优势，在实施创新驱动、产业升级上有优势，要用好这一优势，下好创新"先手棋"。

2016 年 6 月，李克强总理主持召开国务院常务会议，决定在合芜蚌国家高新区建设国家自主创新示范区。随后国务院印发《关于同意合芜蚌国家高新区建设国家自主创新示范区的批复》（国函〔2016〕107号），合芜蚌历经8年磨炼，终于由"试验区"成为"国家级示范区"。

2016年8月16日，安徽省科技厅印发《安徽省"十三五"科技创新发展规划》（科计〔2016〕37号），以合芜蚌为依托的全面创新改革试验将致力于形成一批可复制可推广的改革试验成果，科技体制机制不断完善，科技成果转化体系进一步健全，率先在全国建成充满活力、富有效率、更加开放的创新型省份。

2016年12月3日，安徽省人民政府出台《合芜蚌国家自主创新示范区建设实施方案》（皖政〔2016〕104号），为合芜蚌未来发展提供了目标导向、任务要求及具体措施，推动合芜蚌示范引领创新型省份建设，打造创新协调绿色开放共享的美好安徽，为建设创新型国家和科技强国作出更大贡献。

（二）建设举措及成效

1. 先行先试一系列创新政策

2008年以来，中共安徽省委、安徽省人民政府把"建设创新安徽、推动转型发展"作为面向未来的核心战略，以合芜蚌试验区为抓手，坚持把创新驱动作为加快转方式、调结构、稳增长的根本举措，推进创新型省份建设，探索具有安徽特色的创新发展之路。安徽省及合肥、芜湖和蚌埠三市积极落实国家赋予合芜蚌试验区企业股权和分红激励改革、研发费用加计扣除、职工教育经费税前扣除、股权奖励个人所得税减免、科技成果使用处置和收益权改革等一系列先行先试政策，并出台了一系列创新政策措施，协同推进财税支持、科技金融、管理创新、人才特区、创新创业等各项试点工作，合芜蚌试验区试点政策体系不断完善（见下图）。

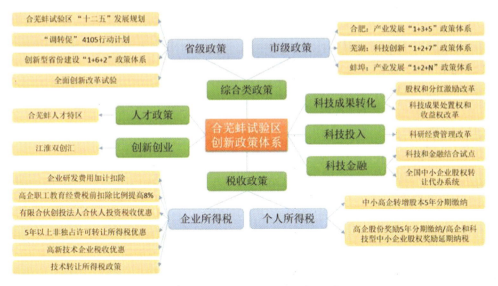

合芜蚌试验区创新试点政策体系图

据统计，"十二五"以来，在合芜蚌试验区开展的科技创新试点政策有 160 多项，其中股权和分红激励政策 23 项、科技成果处置权和收益权管理政策 12 项、税收政策 28 项，财政科技投入政策 10 项、科技金融政策 17 项、人才政策 14 项、创新创业政策 18 项、综合类政策 50 多项；其中国家层面出台政策 60 项、省级层面出台 49 项、市级层面出台政策 47 项。

2.改革创新一系列体制机制

体制机制创新是合芜蚌试验区建设的灵魂。合芜蚌试验区建设之初，中共安徽省委、安徽省人民政府提出合肥、芜湖、蚌埠要实现"两个突破、两个提高、四个翻番"的目标，要求合芜蚌试验区在自主创新的体制机制上先行先试，取得突破。8 年的自主创新建设实践，合芜蚌试验区综合配套改革不断深化，投融资体制、科技教育体制、人事分配制度、土地管理制度、国有企业、行政管理体制六大改革系统推进。

建立科技统筹协调体制机制。合芜蚌试验区全国率先探索建立党政一把手负责、部门联动推进工作机制，有效解决科技资源配置过度部门化、行政化，分散重复封闭低效等问题。中共安徽省委、安徽省人民政府成立试验区工作推进领导小组，由时任书记、省长担任双组长，省直25个部门和合肥、芜湖、蚌埠三市主要负责同志为成员，从制定发展规划、确定重点工作、安排重大项目、出台政策措施等层面，对试验区工作进行整体部署、统筹协调和系统推进；从省委组织部、发改委、科技厅、经信委、财政厅、人社厅等部门抽调精干力量，成立省创新办，负责试验区建设的目标导向、重点工作、资源整合、统计考核、评价奖励等方面的协调工作。

建立产业技术研发创新的体制机制。合芜蚌试验区加快建立以企业为主体、市场为导向、产学研用紧密结合的机制，形成省市联手实施重大创新项目牵动引导机制，建立人才、企业和园区等典型创新主体示范带动和激励机制，创新"产业、科技、改革、人才"成果和工作目标统计评价机制。在科技决策指向上：省市安排的科技项目，均以企业为主体参与决策和组织申报实施。在科技投入指向上：支持新兴产业中的骨干龙头企业建立创新基金，政府的财政资金给予匹配，由企业根据市场和产业链需要需求，自行确定研发合作单位和研发项目，依靠产学研协同创新开展关键核心技术攻关。在成果转化指向上：支持职务成果研究人员通过创办科技型企业或进入企业等形式开展成果转化。在激励导向上：形成贡献牵动机制，在科技项目立项、科技成果评价、科技人员职称评定等方面，将为经济发展作贡献作为重要指标。

建立产学研用紧密结合的体制机制。合芜蚌试验区强化产学研用紧密结合，推进科技创新、体制创新、管理创新、开放创新"四位一体"。通过实施产学研合作项目、组建产学研实体、建立产业技术创新联盟、共建研发机构等多种形式，引导创新资源向企业集聚，提升产学研合作的层次和水平，支持一批企业"走出去"。中国科学院、安徽省、合肥市和中国科学技术大学四方共建的中国科学技术大学先进技术研究院，通过对接中国科学院科研院所、中国科学技术大学海内外校友、国际优质科教资源等，建成国家级协同创新载体。采取合同管理、绩效挂钩、滚动支持等方式，建设合肥工业大学智能制造研究院、中国科学院技术创新工程院、清华大学合肥公共安全研究院。

建立科技金融结合的体制机制。合芜蚌试验区与省开发银行、中国工商银行等银行建立科技金融合作机制，省市共同设立创业风险投资引导基金，开展知识产权、股权和商标权质押贷款等新型融资试点和科技保险工作。拓展省股权托管交易中心功能，为合芜蚌试验区科技型中小企业开展股权登记、托管、交易和融资服务。合肥市建立科技保险补贴机制，对投保高新技术企业关键研发设备保险、出口信用保险等科技研发类保险的企业，按实际支出保费的50%给予补贴。芜湖市支持奇瑞汽车公司发行全国汽车行业首家私募债券。蚌埠市中粮生物化学（安徽）股份有限公司等4家企业的35件发明专利办理"专利执行保险"，政府全额补贴专利保费。

建立创新政策落实的体制机制。合芜蚌试验区积极推动创新政策对接，围绕股权和分红激励国家重大政策试点，出台"试验区企业股权和分红激励试点工作指导意见"和相关7个配套性文件，做到领导机构、宣传培训、配套措施、首批试点企业"四个迅速到位"。围绕高新技术企业所得税优惠、企业研发费加计等与企业创新关联较大的税收激励政策，定期开展政策调查和宣传培训，建立窗口申报、部门联审、多层监督、绩效评估和责任追究等工作机制。围绕人才培养和引进，建设合芜蚌人才特区，开通人才服务"绿色通道"，推出市场化人才评价、人力资本作价入股、个人所得税优惠等10项支持政策，面向高校院所建立科学的人才考核评价和职称评定制度。围绕创新典型的培育和激励，设立创新人才、创新型企业、创新型园区三类奖项，定期进行表彰和奖励。

3.探索形成一整套发展模式

合芜蚌试验区立足打造全国有影响力的创新高地,坚持"高端引领、产业提升、先行先试、辐射带动",坚持把提升自主创新能力作为核心,形成"突出三体建设,围绕三个核心,强化三个联动,追求四大成果"的发展模式,为安徽省乃至中西部地区实现创新驱动发展积累了经验。

突出三体建设,三体分别是指企业主体、创新载体和产学研一体。合芜蚌试验区壮大企业主体和强化企业主体的创新地位,实施"百企示范、千企培育"行动,在项目、经费、政策和平台等方面全方位向企业倾斜,发挥企业在技术创新决策、科研组织、成果转化和研发投入中的主体作用,引导全社会创新资源向企业聚集,培育壮大一批高新技术企业和创新型企业。合芜蚌试验区强化创新载体,打造具有影响力的应用人才引进和培养基地、先进技术成果转化基地、高技术产业孵化基地和战略性新产业高地。合芜蚌试验区推进产学研一体,采取省部共建、省市共建和校企共建等方式,完善创新服务平台体系,建设中国科学技术大学先进技术研究院等新型创新实体,全面运行合芜蚌科技创新公共服务中心,构建"科技路路通"创新服务体系,组建新能源汽车等产业技术创新战略联盟,打通创新资源渠道,激发技术创新活力,引导创新要素向产业集聚。

围绕三个核心,三个核心是核心企业、核心项目和核心园区。合芜蚌试验区聚焦核心企业,奇瑞汽车、江淮汽车、海螺集团、科大讯飞、丰原集团和凯胜玻璃等一批行业龙头企业加速成长,成为全国有影响力的自主创新典型企业,在研发转化核心技术产品、加快产业行业技术进步和创新发展方面,发挥重要的骨干带动作用。合芜蚌试验区以企业、产业发展的重大技术需求为科技项目支持方向,加强科技计划项目的凝练和辅导,对核心项目进行重大推动。合芜蚌试验区围绕核心园区建设科技企业孵化器和公共研发平台,以合芜蚌科技创新公共服务中心为载体,加快引入一批服务机构,培育技术交易市场。

强化三个联动，分别是强化科技创新、产业创新和体制创新的协调联动。合芜蚌试验区围绕科技创新，加大科技成果研发力度，实现科研前沿领域突破，取得量子通信、高性能计算机、"魂芯一号"芯片、大气光学等一批国际领先的重大前沿创新成果，建成运营世界首个全通型城域量子通信网络。合芜蚌试验区围绕科技创新成果研发、转化和产业化，加快产业结构调整，加大项目和工程推进力度，培育重大产业化项目，实现产业创新。合芜蚌试验区在科技创新和产业创新的基础上，整合资源，改革创新一系列体制机制，聚焦创新创业环境营造，积极组织开展"江淮双创汇"活动。合肥市进入国家首批"小微企业创业创新基地城市示范"，合肥高新区获批国家首批科技服务业区域试点。

追求四大成果，分别是产业、科技、改革和人才成果。在产业成果方面，合芜蚌试验区高新技术产业产值占工业总产值比重，新兴产业项目和投资占工业投资项目和投资比重，高新技术企业、创新型企业占规模以上工业企业比重大幅提高；科技成果方面，专利总数及增幅、专利转化率、新产品数和新产品产值稳步增长；改革成果方面，产学研合作项目、科技投入的数量及增幅进一步增加，自主创新政策进一步落实；人才成果方面，研发人员占企业职工总数比例，引进高端人才、技术、项目数量和研发机构数量及增幅进一步增加。

4. 加速推进一体化发展格局

合芜蚌试验区探索构建区域创新体系。在"企业追求自主创新产品、城市追求自主创新企业、社会追求自主创新人才、政府追求自主创新环境"发展理念的指引下，合芜蚌试验区实施六大创新工程，推进六项改革，以合肥、芜湖、蚌埠三市为核心的区域创新体系逐步形成，实现了从培育创新企业到发展创新产业，从建设创新型城市到推进区域创新，从部门单兵推进到综合协同创新的"三大转变"，在探索形成具有安徽特色的自主创新道路方面发挥了先导作用，在促进社会转型方面发挥了重要示范带动作用。

在新的发展机遇下，合芜蚌国家自主创新示范区按照"三城三区多园"的空间架构，以合肥、芜湖、蚌埠三市为建设主体，以合芜蚌国家高新区为核心区，辐射带动合芜蚌三市各类开发园区转型升级，加快形成区域创新一体化发展格局。合肥市以合肥国家高新区为核心区，以合肥经开区、新站区、巢湖产业聚集区等为辐射区。其中，合肥经开区重点建设智能终端、智能制造、绿色节能建筑、新能源汽车等，新站区重点建设新型显示、集成电路、智能制造、新能源产业园和综合保税区、承接产业转移示范园区、北航科学城等，巢湖产业聚集区重点建设生物医药、安全食品、高端装备制造、镁基新材料、电子信息及动漫游戏等产业园区。芜湖市以芜湖国家高新区为核心区，以芜湖经开区、江北产业集中区、三山大桥片区、鸠江经开区等为辐射区。其中，芜湖经开区重点建设综合保税区、生态工业示范园区、知识产权试点园区等，江北产业集中区重点建设新材料、生命健康、皖江慧谷等园区和长江科学城，三山大桥片区重点建设现代农业机械产业基地、新材料产业基地，鸠江经开区重点建设机器人、电子产业园和高新产业集聚区等。蚌埠市以蚌埠国家高新区为核心区，以蚌埠经开区、蚌埠工业园、怀远经开区、龙子湖硅基新材料产业园等为辐射区。其中，蚌埠经开区重点建设创意文化、现代服务业等产业园区，蚌埠工业园重点建设生物制造、环保装备等产业园区，怀远经开区重点建设智能装备、电子元器件等产业园区，龙子湖硅基新材料产业园重点建设新型显示、薄膜太阳能电池等产业园区。同时，围绕合芜蚌国家自主创新示范区的战略定位，发挥合芜蚌国家高新区产业特色优势，立足"高"，突出"新"，依托各类创新平台，建设高水平创新型园区，培育高成长性创新型企业，发展高附加值创新型产业，对接皖北，联接皖江，带动皖南，打造国际化、开放型创新高地，实现示范区产业错位、协同发展。

2008年以来，安徽省以合芜蚌自主创新综合试验区建设为创新着力点，初步探索走出一条以重点区域带动全省创新发展之路。合芜蚌试验区以占全省16.8%的土地面积创造了全省42%的经济总量，高新技术企业、高新技术产业产值、发明专利授权量、高层次人才引进等主要创新指标均占全省60%以上，示范带动建设1个国家创新型试点城市、6个省创新型试点城市、11家可持续发展实验区，省级以上高新区达16家、国家农业科技示范园区达15家，105个县（市、区）全部通过国家科技进步考核。安徽被列为全国第二个创新型省份建设试点省之后，又被列入国家首批全面创新改革试验区域之一。

二、创新型城市建设

（一）国家级创新型城市建设

创新型城市是创新型国家的基础。在发展新兴产业中，特别需要发挥创新型城市的支撑作用。20世纪80年代，日本、美国、德国、英国等国家就已逐步推进创新型城市建设。我国从2008年起开展国家级创新型城市建设试点，深圳是首个国家级创新型城市试点城市。创新型城市已成为新兴产业领域新技术新产品的发源地。

合肥市于2010年被确定为第二批国家创新型试点城市。2014年，省科技厅批复芜湖、马鞍山、淮南、滁州、铜陵等首批5个省级创新型试点城市。经过3年的努力，2018年4月2日，国家科技部、国家发改委正式批复支持马鞍山市、芜湖市开展国家创新型城市建设，争取到 2020 年，把马鞍山、芜湖建成创新体系全、创新机制活、创新环境优、创新绩效好、创新特色鲜明的创新型城市。

1. 合肥

合肥是全国重要的科教基地，先后承担了国家首批创新型试点城市、新能源汽车示范推广、"智慧城市"试点、知识产权示范、科技和金融结合试点、科技成果"三权"改革试点、国家小微企业创业创新基地城市示范等一批"国字号"试点示范任务。"十二五"以来，合肥市以创新型城市建设为抓手，坚持创新发展不动摇，探索了一条创新驱动的转型发展之路。

综合实力持续增强。"十二五"以来，主要经济指标总量持续前移，进入或接近全国省会城市前 10 位，增速年均保持"两位数"，位居前列。2018 年，地区生产总值 7822.9 亿元、增长 8.5%；财政收入 1378.3 亿元、增长 10.2%；规模以上工业增加值增长 11.3%；固定资产投资增长 7.1%；进出口总额 308.1 亿美元、增长 23.5%。

创新能力持续提升。2018 年，发明专利申请量 32831 件、发明专利授权量 5597 件、高新技术企业数量 2110 户、高新技术企业数与规上工业企业数之比达 92%。涌现出量子通信、智能语音等一批原创性乃至全球领先的成果。世界首条量子保密通信"京沪干线"正式贯通，聚变堆主机关键系统成功落户，科大讯飞智能语音入列国家人工智能四大平台，微尺度物质科学国家研究中心获批组建，离子医学中心、安徽创新馆等建设积极推进。2016 年 4 月，习近平总书记视察中国科学技术大学先进技术研究院，在观看了高新技术企业科技成果集中展示后表示，这些科研成果，表明你们在新兴产业发展方面动作快、力度大、成绩明显。

产业结构持续优化。新型显示、机器人列入国家战略性新兴产业区域集聚发展试点，新型显示、智能语音、新能源汽车、太阳能光伏、量子通信、生物医药等产业在国内形成了一定领先优势，集成电路、高端医疗装备、燃气轮机和软件等产业快速发展。2018年，全市战略性新兴产业实现增加值786.2亿元，增长19.1%，高新技术产业产值和增加值增幅分别为8.5%、14.7%。

合肥在建设国家首个国家科技创新型城市试点上也采取了一些具体的创新措施。

（1）加快科技体制机制改革促创新

2004年11月，合肥市被科技部批准为国家科技创新型试点市。2005年8月，合肥市召开国家科技创新型试点市建设动员大会，9月，印发《合肥国家科技创新型试点市工作方案》（合发〔2005〕18号）。2006年，中共安徽省委、安徽省人民政府出台了《关于推进合肥国家科技创新型试点市工作的若干意见》（皖发〔2006〕13号），在下放管理权限、设立专项资金、引导高新区"二次创业"等方面予以支持。

在推进国家科技创新型试点市建设中，合肥市在科技创新能力、基础环境、人才队伍建设和简化行政效能等方面不断探索政策突破，完善科技工作体制机制，营造了科技发展良好的宏观环境。较早修订《合肥市科学技术进步条例》，在全国率先将创新型城市建设纳入地方性法规；全面推进科技体制改革，先后开展股权和分红激励试点、国家

国家科技创新型试点市——安徽合肥

科技成果使用处置和收益管理改革试点、科技金融结合试点等，进入国家系统推进全面创新改革试验；率先改革科技投入体制，采取基金、"借转补"等多种方式支持自主创新，建立基金投入尽职免责和风险容忍机制，政府投资引导基金、天使投资基金风险容忍度分别提升至10%、30%。

在创新机制的引领推动下，合肥市围绕产业链部署创新链，实施一批重大项目取得重要成果。2008年以来，合肥市创新重大项目投融资模式，与京东方合作发展新型平板显示产业，并带动彩虹高世代液晶玻璃基板、彩虹蓝光LED以及康宁、住友化学、法液空、友达等大批项目先后落户，成为国内面板产能最大、产品线最丰富、技术水平一流的集聚区之一。2016年4月，量子通信、智能语音、新型显示、光伏逆变器、五轴联动高档数控系统、微小型燃气轮机、太赫兹人体安检仪等76项创新成果接受习近平总书记视察检阅，得到充分肯定。

案例6

创新投融资模式发展平板显示产业

针对平板显示产业投资规模大、回收周期长的特点，为解决资金来源和投资回收问题，2008年以来，合肥市创新重大项目投融资模式，与京东方合作，通过政府少量出资撬动社会资金参与上市公司定向增发的方式，先后建设国内首条6代TFT-LCD面板生产线、首条8.5代OLED试验线，全球首条10.5代TFT-LCD面板生产线。这种投融资模式改变以往政府直投或借款的方式，不仅减轻政府资金压力，同时实现投资快速回收，最大程度降低了政府直接投资所面临的风险。

（2）加快新兴产业集聚发展促转型

合肥市大力推动产业转型升级和经济结构调整，赢得了发展先机，获得了发展新动能。出台《关于加快创新转型升级发展行动计划》，加快建设新型显示、机器人两个国家战略性新兴产业集聚发展试点和新型显示、集成电路、智能语音、新能源汽车4个省级首批战略性新兴产业集聚发展基地，平板显示、集成电路、智能语音、太阳能光伏、新能源汽车、公共安全、生物医药、燃气轮机等新兴产业保持国内领先。完善"研发—中试—产业化"创新链条，组建平板显示、新能源汽车、公共安全、集成电路、轨道交通、机器人等12家产业技术创新战略联盟。平板显示及电子信息、家电、装备制造产值均超千亿元，家电"四大件"产量稳居全国之首。新建国家、省、市重点实验室和工程（技术）研究中心、企业技术中心等各类研发机构372家，总数达1291家。依托"互联网+"，建成安徽联合产权技术交易所和科技创新公共服务中心，开通网上技术交易平台。按照初创期、成长期、成熟期，分层次培育高新技术企业，召开"千企培育大会"，建立国家和省、市级培育梯队。

同时，合肥市大力推进"大众创业、万众创新"，成功入选国家小微企业"双创"基地城市示范和新兴产业"双创"示范基地。到2017年，合肥市已建成孵化器47家，其中国家级12家，在孵企业1832家，累计毕业企业1118家；建设科技创业苗圃、5F创咖、梦工厂、聚变场等众创空间62家，其中国家级18家。

案例7

以推广应用为抓手大力发展新能源汽车产业

合肥以推广应用为抓手，加强政策引导，强化招商引资，支持研发创新，新能源汽车产业发展提质增效。2010年以来，合肥市先后入选国家首批13个"节能与新能源汽车试点城市"和5个"私人购买新能源汽车补贴试点城市"，被列为国家首批新能源汽车推广应用示范城市。截至2016年底，合肥市在全国推广新能源汽车达 4.7 万辆，约占全国 4.7%。第 29 届加拿大世界电动车大会期间，合肥作为中国唯一荣获"世界最具影响力电动汽车城市"称号的城市。

（3）加快重大平台前瞻布局促升级

合肥市积极整合高校、科研院所、企业等创新资源，构建新型产学研协同创新体系，加快"一中心、三基地"和中国科学技术大学先进技术研究院、清华大学合肥公共安全研究院等八大协同创新平台建设，推动现代显示等十大战略性新兴产业研究院实体化运作。

合肥市立足公共安全产业发展需求，引入清华大学并整合全校 9 个核心一级学科科研力量成立公共安全研究院，通过学科建设、科技创新、人才培养、成果转化和企业孵化，打造国际领先的公共安全综合实验平台和公共服务平台，形成全市公共安全科技创新与产业发展基地。启动建设北京航空航天大学合肥科学城，将建立航空大数据及低空空域管理、量子技术、智能交通技术微电子技术、通用航空产业技术等 5 个研究中心。此外，中德（合肥）智能制造国际创新园相继获批并启动建设，德国大众汽车已与江淮汽车正式签署合作备忘录，在皖联合研制、生产电动汽车。

案例 8

建设清华大学合肥公共安全研究院

2013 年 12 月，合肥市政府与清华大学签约建设清华大学合肥公共安全研究院（以下简称"研究院"），2014 年 4 月正式注册设立。研究院位于合肥经济技术开发区南艳湖高科技研发基地，占地面积 114 亩，规划建筑面积 7.6 万平方米。

研究院定位于创新型科研及产业转化机构，致力于将清华大学的技术和人才优势与安徽省、合肥市产业发展引导和扶持政策相结合，通过学科建设、科技创新、人才培养、成果转化和企业孵化，集聚公共安全领域科技、人才和资本要素，努力打造国际一流的公共安全科技创新与产业发展基地。

研究院基建总投资约4.5亿元，由合肥经开区负责建设并交研究院无偿使用。合肥市及合肥经开区为研究院提供研发经费支持，从研究院成立之年起，每年向其拨付资金6000万元（由市、区两级财政各承担3000万元），连续支持5年，共3亿元；其中拨付经费的10%用于日常行政办公，20%通过协议方式委托清华大学开展与研究院项目研究相关的工作，拨入经费的70%作为研究院事业发展资金，主要用于实验设施的研建运行、科技研发、技术成果产业化、创业投资等。

运行机制方面，研究院是纳入合肥市事业单位管理的不定级别、不定编制、非财政预算事业单位，其举办单位为清华大学与合肥市政府。研究院设管理委员会，现由合肥市和清华大学各委派10名委员，负责决策研究院的发展方向及重大事项。研究院实行管委会领导下的院长负责制，每届任期5年。

产业转化方面，清华控股企业——安徽泽众安全科技有限公司为研究院产业转化市场主体，该企业已相继与合肥建投集团、杭州胃天新能源科技有限公司合资成立了合肥泽众城市智能科技有限公司和安徽泽泰安全技术有限公司，分别承担城市生命线安全运行监测系统项目和智能消防项目的市场化运行。

2. 芜湖

芜湖是全国首批、安徽省首个知识产权示范城市，被外界誉为"创新之城"。在打造芜湖经济和城市"升级版"，建设成为特色鲜明的国家创新型城市、长三角地区重要的创新创业先行区、中部地区影响广泛的创新要素集聚地、长江经济带最具发展活力的产业创新中心过程中，科技创新正成为最重要的推动力之一。

政策体系逐步完善。2013年以来，芜湖市构建了"1+2+7"的创新政策体系，构筑了创新发展的良好政策环境。

科技投入持续加大。2017年，全市R&D经费投入88.1元、R&D经费支出占GDP的比重为2.97%。财政科技拨款占地方财政支出比重12.65%。企业创新主体地位进一步加强，全市70%以上的研发机构、研发人员、研发经费、专利申请授权数和省级科技成果来自企业。

自主创新能力进一步增强。2017年，全市高新技术产业产值增幅达21.3%，增加值增幅达15.2%，高新技术产业增加值占GDP和规模工业增加值比重分别达30.95%和56.5%。截至2017年底，全市高新技术企业达到520家，占规上工业企业26.5%。全省10家营业收入百亿元以上的高新技术企业中，芜湖拥有2家。2018年高新技术培育企业名单，芜湖有122家企业名列其中，总数居全省第二，占全省总数的15.08%。

自主创新体系建设进一步完善。科技创新平台建设不断强化。截至2018年底，芜湖市拥有省级及以上工程（技术）研究中心101个，其中国家级8个；省级及以上企业技术中心176个，其中国家级13个；省级及以上重点（工程）实验室16个；院士工作站38个。创新载体服务能力不断提升。省级以上科技企业孵化器23家，其中国家级2家。科技服务体系不断完善。芜湖市科技创新服务中心被科技部认定为国家级技术转移示范机构，芜湖高新区获批国家科技服务业区域试点。

人才特区建设进一步深化。截至2018年，芜湖市共招引318个高层次科技人才团队，团队核心成员中，两院院士领衔14人、国家"千人计划"39人、中组部"青年千人计划"和"万人计划"13人、中科院"百人计划"14人，为实现芜湖经济社会转型发展提供了智力支撑。

3. 马鞍山

马鞍山是地处东部和中部地区的交汇点，既是皖江城市带融入长三角的排头兵，也是长三角城市向内地延伸的重要门户，享有"中部崛起战略""长三角战略"和"皖江城市带战略"三轮国家战略驱动的机遇，是创新创业的政策腹地。马鞍山加快科技创新推动全市转型升级步伐，为经济社会发展提供有力支撑。

科技创新基础厚实。马鞍山连续 8 次被评为"全国科技进步先进市"。2017 年，全社会 R&D 经费支出占 GDP 比重 2.55%，居全省第 3 位；高新技术企业总数达到 348 家，居全省第 3 位；每万人发明专利拥有量 16 件，居全省第 3 位。

产业支撑能力较强。2017 年，马鞍山高新技术产业产值增幅为 44.9%，高新技术产业增加值增幅为 25.4%，高新技术企业数与规上工业企业数之比达 33%，局全省第 2 位；战略性新兴产业快速发展，机器人产业获批国家战略新兴产业区域集聚发展试点。

创新主体充满活力。企业创新主导作用日益突出，2017 年，全市规模以上工业企业研发机构覆盖率 29.1%，居全省第 3 位。发明专利申请量和授权量分为 5571 和 970 件。技术合同交易市场日趋活跃，技术交易额达到 19.8 亿元，居全省前列。

创新要素加快集聚。截至 2017 年底，马鞍山拥有省级及以上研发平台 148 家，占全省的比重为 5.92%，居全省第 5 位；其中国家级研发平台 13 家，占全省比重为 7.65%，居全省第 3 位。

（二）省级创新型城市建设

蚌埠、淮南、滁州、铜陵等一批省级创新型城市建设稳步推进，正在积极申报国家级创新型城市。

1. 蚌埠

蚌埠是合芜蚌自主创新试验区城市、第一批国家智慧城市试点城市。蚌埠市以合芜蚌自主创新示范区建设为契机，按照"全市抓创新、优先抓转化、重点抓产业、突出抓项目、关键抓结合"的工作思路，坚持产业发展为核心、科技创新为支撑、机制创新为动力、人才集聚为基础，探索出一条具有蚌埠特色的创新发展之路。

壮大创新主体。加快高新技术企业和创新型企业培育，支持龙头骨干企业实施专利、商标、品牌、标准战略，成为行业领军企业；支持中小企业加强产学研合作，围绕电子、装备、材料等重点产业链完善，开展核心部件、关键部件和特殊部件的研究，成为"专精特新"的科技小巨人。2017年，全社会研发经费（R&D）投入达37亿元，占GDP比重2.39%。发明专利申请量4671件，发明专利授权量548件，万人拥有有效发明专利8.5件。

优化创新载体。加快蚌埠国家高新区、国家农业科技园、经济开发区建设，推进各县区工业园区错位发展，依托驻蚌科研单位优势建设一批高科技产业园，培育壮大高新技术产业和战略性新兴产业，提升科技企业孵化器孵化能力。2017年，全市高新技术产业总产值比上年增加22.3%，总产值占全省比重的7%，居全省第4位；高新技术产业增加值比上年增长16.6%，增加值占全省比重的8%，居全省第4位。

推进协同创新。鼓励和支持企业、研发机构立足自身特色和优势，建立多种形式的协同创新模式。依托安徽财经大学、蚌埠医学院等高等院校，蚌埠硅基材料产业技术研究院、电子信息产业研究院等科研单位，推广和完善产业技术创新战略联盟和产业技术研究院合作模式。

2. 淮南

淮南把科技创新作为"两型城市"建设和"四煤"发展战略的着力点和重要抓手。自实施创新驱动发展战略建设创新型城市以来，推动资源型城市向生态型、创新型城市转变，全市科技创新工作取得了显著成效。

加快科技创新平台建设。截至2018年底，淮南市共拥有国家级星创天地1个，省级孵化器4个，省级众创空间2个。由1个市级孵化器、3个园区孵化器、8个县区孵化器组成的"1+3+8"的创新型孵化器体系加快构建，建成了 9.6 万平方米的"智慧谷"科研孵化平台和 7.1 万平方米的"江淮云"创业孵化平台。

加快现代农业科技创新。加快推进以农副产品深加工发展农业，以科技创新提升农业。实施农业产业化五大工程，2018 年新增农业产业化龙头企业 31 家，规上农产品加工产值增长 10%。"潘集酥瓜""凤台平菇"获批中国地理标志证明商标。淮南国家农业科技园区初步建成了粮食产业园、休闲农园等 8 大园和 1 个培训中心，形成了现代粮食、蔬菜、观光园艺三大主导产业和一个涉农现代服务业的"3+1"产业体系。国家级毛集可持续发展实验区、省级潘集可持续发展试验区建设持续推进。

增强重点产业创新能力。依托三大园区，在现代装备制造业、新能源汽车、现代医药、光电新能源、节能环保等非煤产业，培育了一批科技型企业。淮南经济技术开发区重点推进现代装备制造基地、现代医药基地建设；淮南高新技术产业开发区重点发展新一代信息技术、光电新能源、新材料等产业；安徽（淮南）现代煤化工产业园区重点发展煤基石化产业。2018 年实现高新技术产业产值 157.2 亿元，增速 31.7%，比全省平均增速高 18.1%，居全省第 2 位；实现高新技术产业增加值 30.9 亿元，增速 26.9%，比全省平均增速高 13%，居全省第 2 位。

引导创新创业人才集聚。加大重点领域急需人才识别引进培养力度。围绕高端装备制造、大数据、节能环保等战略性新兴产业，通过全职引进方式，引进外籍博士 2 人、硕士研究生 190 余人、博士研究生或高级职称以上人才 56 人，培训培养高级职称以上高层次人才 2000 余人。截至 2018 年底，全市共有 76 人获批安徽省战略性新兴产业技术领军人才，14 人获批安徽省"特支计划"创新创业领军人才，拥有 79 个创新团队，获批安徽省"115"产业创新团队 4 支，面向国内外选聘了创新团队带头人 79 人、"带头人助理"395 人，取得科研成果 237 项，申请专利 540 余项，产生直接经济收益超 20 亿元。

3. 滁州

深入实施创新驱动发展战略,扎实推进创新型城市建设,亮点纷呈,进展迅速。

创新发展环境优化。印发《滁州市实施四大工程加快推进科技创新发展的指导意见》(滁发〔2017〕9号),成立了滁州市科技创新工作领导小组,市委主要领导任组长,加强科技创新顶层设计;先后印发了天使投资、人才招引、融资风险补偿基金等配套文件10个,围绕创新创业平台建设、高层次团队引进、科技项目争取等方面,完善人才、金融、服务等科技创新政策体系;加大财政科技经费投入力度,2017年全市财政科技专项预算达1亿元。

高新产业快速发展。滁州智能家电基地初步形成以冰箱、彩电、空调、洗衣机等大家电为主导,以吸尘器、热水器等小家电为补充的从装备制造到生产、研发、设计、检测的全产业链体系。加大高新技术产业发展的扶持力度,加速培育一批高新技术企业、创新型企业。截至2017年底,全市高新技术企业数286家,居全省第4位,高新技术产业产值和增加值增幅分别为23.1%和13.8%。

产学研合作深入推进。以产学研作为突破口,以培育创新主体为依托,发挥新型研发机构的作用。加大与高校、科研院所对接力度,2017年新增安徽省级以上研发平台24个,总数151个,居安徽省第5位;全年新增院士工作站10家,居安徽省第2位;新引进两院院士10名、国家"千人计划"专家16名、博士等高层次人才160多名。全市规模以上工业企业中有研发机构的比重达29.3%,居全省第2位。

知识产权成效显著。组织开展以提高发明专利申请质量、提升授权率为重点的"专利质量提升工程"活动。2017年,全市共申请发明专利5889件,居全省第3位,获发明专利授权611件,居全省第4位,每万人口发明专利拥有量7件,居全省第5位;以查处假冒专利案件和调处侵权纠纷为重点、深入开展"双打"执法专项行动。强化企业专利实施、转化和管理，完成专利权质押融资 17 笔，融资额 1.07 亿元。

4. 铜陵

铜陵，是安徽省唯一连续 3 年在全国资源型城市转型绩效考核中获评优秀的城市，在全国节能减排示范市考核中排名第一的城市，同时，也是国家科技进步示范市、国家循环经济试点市、国家工业绿色转型发展试点市、国家智慧城市试点市和安徽省知识产权示范市。铜陵秉承改革创新的城市品质和精神基因，深入实施创新驱动发展战略，在创新型城市建设实践中，探索出铜陵特色的经验做法。

强化创新主体。深入实施创新企业百强工程，发挥龙头骨干企业创新引领作用，支持企业加强与高校院所合作，推进产学研协同创新，培育一批关键技术行业领先、生产工艺国内先进、产业市场前景广阔的领军型企业。开展"科技小巨人"扶持计划，甄选一批产权明晰、成长性好、具有一定规模的科技型企业予以重点培育，形成一批专、精、特、新的科技型中小企业。鼓励企业创新，推广兑现研发费用加计扣除等创新政策，形成企业创新氛围。

创新产业转型。聚焦新兴产业集聚基地、国家智慧城市建设等重点任务，在铜基新材料、智能新能源汽车及关键零部件、电子信息、先进装备制造和精细化等领域，实施一批重大科技专项，突破产业关键核心技术，引领产业转型升级。2017 年，铜陵市高新技术企业数达 144 家，高新技术产业产值和增加值的增幅分别达 30.1% 和 11.6%，高新技术企业数与规上工业企业数之比为 26.7%。

建设创新平台。推进国家级高新区、国家级经开区、国家电子基础材料及新型元件高新技术产业化基地、国家专利产业化（铜陵铜深加工）试点基地等国字号平台建设，加强与大院大所合作，共建皖江新兴产业技术发展中心等新型研究机构，促进产学研深度融合。学习借鉴杭州梦想小镇建设经验，引进国内优秀专业团队，盘活闲置商业地产，大力发展新技术、新产业、新业态、新模式，打造一批创新特色小镇，建设皖江创新小镇，培育大通小镇、西湖文体小镇、天井意大利经营小镇等，打造全省"双创"示范基地，打造科技金融、实体孵化、电商集聚三大平台版图。

（三）其他城市创新

安徽省其他地市也因地制宜开展科技创新，形成了一批成功经验和做法。阜阳市扎实开展高新技术企业培育工作，高新技术产业发展取得新进展。亳州市注重打造园区平台，国家级可持续发展实验区和国家农业科技园区获批建设。淮北市加快推动传统产业转型和可持续塌陷区治理，为资源型城市转型探索出一条新路。宿州市认真开展科技精准扶贫，选派 100 多名科技人员深入县区。六安市高度重视知识产权工作，发明专利和优势企业迅猛发展。宣城市积极推动创新创业投资，创新团队和众创空间逐步涌现。安庆市大力强化产学研合作，已经与北大、清华等 30 多所高校建立关系。池州市加快旅游产业转型升级，树立"大抓旅游、抓大旅游"的鲜明导向；加快半导体产业基地建设，集成电路产业集聚倍增。黄山市抓好新型工业化和"旅游＋"两条主线，加快构建现代产业体系。

创新决定城市未来，创新引领未来城市。各地市加快以科技创新为经济社会发展的核心驱动力，在整合汇聚丰富的创新资源、培育充满活力的创新主体、实施高效的创新服务和政府治理、营造良好的创新创业生态等方面，积极探索各具特色的城市创新发展路径，努力打造区域创新示范引领高地，为建设现代化五大发展美好安徽、实现创新型强省目标提供有力支撑。

三、县域创新驱动发展

郡县治，天下安。县一级是发展经济、保障民生、维护稳定的重要基础，县域经济水平的高低决定了区域经济实力的强弱，县域经济水平的差异也是造成地区发展不平衡的主要原因之一。发展县域经济，进一步提升县域经济的竞争力，关键是要大力实施创新驱动发展战略，推进产业转型升级，培育发展新动能，促进县域创新发展。

（一）县域是创新发展的基本单元

实施创新驱动发展战略，基础在县域，活力在县域，难点也在县域。促进县域开展以科技创新为核心的全面创新，推动大众创业、万众创新，加快实现创新驱动发展，是打造发展新引擎、培育发展新动能的重要举措，对于推动县域经济社会协调发展具有重要意义。为此，国家提出要牢固树立和贯彻落实新发展理念，发挥科技创新在县域供给侧结构性改革中的支撑引领作用，强化科技与县域经济社会发展有效对接，打通从科技强、产业强到经济社会发展强的通道。以建设创新型县（市）为抓手，深入推动大众创业、万众创新，整合优化县域创新创业资源，构建多层次、多元化县域创新创业格局，推动形成县域创新创业新热潮，以创业带动就业，培育新动能、发展新经济，促进实现县域创新驱动发展。

安徽省有 61 个县（市），户籍人口 4970.9 万人，占全省 71.7%，是国民经济的重要组成部分，也是打造三个强省、建设美好安徽的关键力量。"十二五"以来，安徽省县域经济保持较快发展，主要指标增速一直快于全省，在全省经济发展中的主体地位和基础作用不断强化。"十二五"以来，安徽省县域地区生产总值连续跨越 6 个千亿台阶，年均增长 10.8%，比全省高 0.4 个百分点，占全省比重由 47% 提高到 48.1%，接近"半壁江山"。县域高新技术企业达 1406 家、占全省比重为 36.4%，县域工业增加值占全省比重由 41.4% 提高到 50.2%，涌现了一批工业强县。县域经济保持了平稳健康较快发展的良好势头，也为进一步创新发展打下了坚实基础。

（二）县域创新发展具备有利条件

当前，我国经济发展进入新常态，更加注重深化改革扩大开放、更加注重创新驱动、更加注重保障和改善民生、更加注重培育新的增长点，外部环境的新变化和宏观政策的新走向为县域经济发展带来了许多有利因素。

从国家政策导向来看，国家政策更加注重聚焦薄弱环节精准发力，持续加大对脱贫攻坚、小微企业、农业农村、基础设施投入，推进公共服务均等化，为改善县域发展条件、促进大众创业、培育新的增长点提供了难得机遇。国家出台《关于县域创新驱动发展的若干意见》，提出了一系列有针对性的政策举措。在促进县域加快产业转型升级上，支持城镇化地区整合各类创新资源，推动制造、加工等传统产业改造升级，加大新一代信息网络、智能绿色制造等产业关键技术推广应用，培育具有核心竞争力的产业集群。支持农产品主产区加快发展农业高新技术产业，促进农业与旅游休闲、教育文化、健康养生等产业深度融合，发展观光农业、体验农业、创意农业、电子商务、物流等新业态，推动商业模式创新。支持结合地方资源禀赋和发展基础，发展知识产权密集型产业，促进县域特色主导产业绿色化、品牌化、高端化、集群化发展。在培育壮大创新型企业上，加强企业技术创新平台和环境建设，在有条件的县（市）培育一批具有较强自主创新能力和国际竞争力的高新技术企业。指导县域内企业加强与高等学校、科研院所的产学研合作，支持有条件的县（市）加强基础研究成果转化和产业化。鼓励有条件的县（市）设立科技成果转化基金、创业投资引导基金等，引导社会资本投资初创期、种子期科技型中小企业；鼓励有条件的县（市）采取科技创新券等科技经费后补助措施，支持小微企业应用新技术、新工艺、新材料，发展新服务、新模式、新业态，培育一批掌握行业"专精特新"技术的"科技小巨人"企业。在集聚创新创业人才上，推行科技特派员制度，支持科技领军人才、高技能人才、专业技术人才等到县域开展创业服务，引导高校毕业生到县域就业创业，推进农村大众创业、万众创新。推广"科技镇长团""博士服务团"等模式，发挥乡土人才等农村实用人才作用，提升县域人才集聚和创新管理服务能力。在加强创新创业载体建设上，支持有条件的县（市）高起点规划、高标准建设高新技术产业开发区、农业科技园区、火炬特色产业基地等创新创业平台，并将相关园区纳入县城总体规划统一管理，引领县域创新驱动发展。推动符合条件的科技园区升级为国家高新技术产业开发区，建设若干国家农业高新技术产业开发区。结合县域需求实际，依托科技园区、高等学校、科研院所等，加快发展"互联网＋"创业网络体系，建设一批低成本、便利化、全要素、开放式的众创空间、"星创天地"，降低创业门槛，促进创业与创新、创业与就业、线上与线下相结合。鼓励国家（重点）实验室、国家工程（技术）研究中心、高等学校新农村发展研究院等各类创新平台在县域开展应用示范，实现开放共享，为大众创业、万众创新提供有力支撑。

从可依托创新资源来看，当前，新一轮科技产业革命正在兴起，新技术新业态新模式持续涌现，安徽省发展基础和条件持续改善，拥有"全创改""合芜蚌""科学中心"等一批国字号创新平台，为县域创新提供了可供依托的重要资源。安徽省是国家技术创新工程试点省，省会合肥是全国首个科技创新型试点市，拥有众多的高校和科研院所，还聚集众多的高端创新人才和科研团队，是我国基础创新和原始创新的重要承载者和策源地。2018年，安徽省拥有两院院士31人，全省院士工作站柔性引进院士295人，扶持170个高层次人才团队来皖创业。全省包括中国科学院合肥分院在内的科研机构4817家，拥有中国科学技术大学、合肥工业大学、安徽大学等一批高等院校109个（本科院校35个），研究生培养机构21个。全省现有国家大科学工程5个，省级及以上研发平台2496个。因此，安徽省县域创新发展具备有利条件，必须把发展基点放到创新上来，坚定信心、抢抓机遇，以创新主动赢得发展主动。

从承接产业转移来看，当今的产业转移，不是简单的企业搬迁，而是在转移过程中又有产业层次的提升，产业转移的内涵发生了深刻变化。当今技术革命日新月异，对产业转移投资来说，原有的技术和设备都要更新，企业为了保持竞争优势，肯定会选择更加先进适用的技术和装备。从某种意义上说，这种投资的质量比在转出地的投资质量还要高。对承接地来说，这种产业转移调整了产业结构，提高了产业技术能力。随着沿海发达地区"腾笼换鸟"步伐加快，以及建设长江经济带、推进"一带一路"建设、京津冀协同发展、促进中部崛起等重大战略，会进一步推动沿海产业加速向中西部地区转移，产业资本梯度转移大趋势会更加强化，而县域土地、劳动力等综合成本总体较低，在新一轮承接产业转移中作为空间很大。安徽省位居长三角腹地，已全面融入长三角，承东启西、连南接北，是沿海与中西部内陆腹地的过渡带。安徽与江苏、浙江等东部省份接壤线长达2000公里，沿边有23个县市区。改革开放以来安徽省无论是在地缘上还是在人缘上以及经济交流与合作上，都与东部沿海省市保持着密切的联系。由于独特的区位交通优势，安徽坚持东向发展战略，主动承接沪苏浙产业转移，深化与沪苏浙产业分工合作，深度参与长三角地区一体化发展，为长三角更高质量一体化发展注入新动能。

（三）扎实推进县域创新转型发展

当前，县域经济正处于新旧动能转换的关键时期，迫切需要以创新驱动经济转型升级，把准方向，聚焦突破，打造符合县域特色的创新型现代产业体系，走出具有县域特色的创新发展之路。在经济新常态下，推动县域创新驱动发展，必须遵循创新规律，立足自身实际，坚持因地制宜、扬长避短，强化开放导向、产业导向、差异导向，努力找准各地创新发展的目标路径。坚持以科技创新为引领，全面融入国家创新平台、省域创新网络、城市产业链条，推动产学研合作，发挥企业创新主体作用，创建共性技术平台，形成技术供给"蓄水池"。坚持以产业创新为基点，围绕产业链部署创新链，既要"无中生有"又要"有中生新"，大力推进传统产业新型化、新兴产业集群化、特色产业品牌化，打造经济增长"主引擎"。以工业突破支撑产业创新，工业强则县域强，工业必须当主力、打头阵、挑重担，一手抓优化存量，坚决关停并转高污染、高能耗的"五小"企业，推动工业企业技术创新、设备更新、产品出新，培育更多"专精特新"小巨人，一手抓做大增量，大力引进培育战略性新兴产业，加快发展四新经济，形成更多新的增长点。以推进农业供给侧结构性改革为主线，着力推进农业现代，积极培育现代农业产业化龙头企业，依托优势农产品产地打造食品加工产业集群和现代农业产业园，推动农业绿色、循环、特色、品牌化发展。坚持以体制创新为根本，勇当改革攻坚试验田，创新政务服务模式，推动科技金融结合，深化人才管理体制机制改革，实现制度创新、科技创新"两个轮子"一起转，激发创新创业"新活力"。

各地在抓县域经济创新发展中涌现出了一批典型。

1.肥西县创新型工业强县

肥西坚持打造创新型工业强县,2017年全年地区生产总值增长8%;规上工业增加值增长12%;实现财政收入87.7亿元、增长8.4%;县域经济与县域基本竞争力跃居全国百强第55位,较上一年提升9个位次,向着全国五十强目标又迈进了一大步。

搭建发展平台。肥西县推进桃花工业园争创国家级开发区,提升新港、柏堰合作园区发展水平,高标准规划建设产城融合示范区。推进"一器两园两中心"众创空间建设,拥有各类创新平台160家。

培育市场主体。肥西县完善产业发展"1+3+5"政策体系,培育汽车、家电、智能制造、电子信息、生物医药等主导产业。提高环保门槛,先后关停一批高排放、高耗能企业。2017年新培育规上工业企业54家、新认定市级以上企业技术中心13家、品牌示范企业16家,获批国家级两化融合管理体系贯标试点企业2家、市级9家。江淮汽车荣获第五届中国工业大奖,安利材料入选全国制造业单项冠军企业、国家级绿色工厂,"肥西造"商用微小卫星成功发射。

推进开放发展。肥西县推动合肥出口加工区提档升级,高起点谋划派河港建设,设立安徽省电子商务产业园和进口商品自营自销中心。加强招商策划和推介,推进精准招商,江汽高端轻卡、正阳通航产业新城等一批量大质优项目成功入驻。

优化发展环境。肥西县设立1200万元天使投资基金,深化与中国科学技术大学先进技术研究院等创新平台合作,设立创新创业人才协会,集聚创新要素。建立完善项目工作机制,形成"洽谈、签约、拟建、开工、投产、达产"梯次推进的项目工作格局。抓好"放管服",启动整治"两难两多一长"改善营商环境专项行动,工业建设项目施工许可审批时限压缩至33个工作日,不动产登记实现5个工作日办结,在全省率先将企业开办时间压缩至3个工作日。深化"一网一门一次"改革,推进"互联网+政务服务","最多跑一次"事项达99.89%。

2. 萧县借力上海张江开放创新

作为皖北传统农业大县和国家级贫困县，萧县深入探索后发地区加快崛起的发展新路径，抢抓机遇、借力发展，采取与上海张江高新区合作共建园区的方式，抢搭上海张江高新区发展"便车"，奋力在发展道路上实现"弯道超车"。张江萧县高科技园作为县域"创新发展见行动"的生动实践，主要做法有：

高位对接，搭建沪皖合作战略平台。2014 年 7 月，宿州市政府与上海张江高新区签署战略合作框架协议，萧县紧抓时机，主动承接，以积极的态度和细致的工作获上海张江高新区选定为与宿州市战略合作的切入点。2015 年 11 月，"上海张江久有萧县高新技术产业示范基地"获上海张江高新区与宿州市政府共同揭牌，由此，张江萧县高科技园成为张江高新区首次在县级设立的合作共建园区。

股权注资，搭建产业引导基金平台。2014 年 12 月，宿州市与萧县联合设立 10 亿元规模的政府性产业引导基金，与张江高新区久有基金成立合伙企业，由久有基金作为执行合伙人，以股权注资方式，面向全球引导高科技企业落户萧县。这种促进民间投资增长的创新方式，获国务院第三次大督查充分肯定。

采用 PPP 模式，搭建园区运营创新平台。为迅速给高科技企业落户提供良好环境，萧县按照第四代产城融合社区标准，采取 PPP 模式撬动社会资本参与园区的建设运营，将已停建的原政务中心烂尾楼改扩建成总面积 10.5 万平方米，集科技研发、企业孵化、综合服务于一体的高科技园区。

经过两年的推进，园区集聚发展吸引力明显增强。来自美国、加拿大及北、上、广、深等发达国家和地区的 26 家科技企业落地园区，后备储备项目 50 多个，对接中国 500 强企业 2 家。入园企业从最初需要产业基金股权注资引导入驻，变为受张江的高端平台吸引主动入驻。安徽尤泰克医疗科技公司研发的微创内窥镜摄像系列产品，是宿州市首批获得省药监局验收的二类医疗器械生产许可证的企业，并将上游配套医用屏研发生产企业引入园区落地。园区企业孵化转移进展顺利。部分入驻企业总部在张江萧县高科技园研发，产品批量生产由萧县其他园区承接。宿州国威陶瓷电器、安徽锆孚海洋设备制造等企业分别在县经济开发区和县循环工业园标准化厂房实现产业转化，其中宿州国威陶瓷入驻当年即申请并获批1项发明专利、2项实用新型专利。园区基金＋基地＋项目模式正在推广。参照张江萧县高科技园运作模式，萧县高新建投设立控股公司收购上海企业入园发展项目正在推进，萧县民基公司入股安徽跨界生物科技有限公司（台资参股）建设氨肽植物营养素项目开工建设。张江萧县高科技园作为全省招商引资现场会观摩点，创新发展受到肯定，初步走出了一条传统农业县招商引资的特色之路。

3. 界首市创新发展循环经济

界首市位于豫皖边界，是安徽省西北大门。2004年以来，界首市依托再生资源优势，培育了再生金属、再生塑料两大综合利用产业，加速推进循环经济发展的界首实践。循环经济产业一直保持高速增长势头，年均产值、税收均增长40%以上，循环经济产业对界首工业的贡献率始终保持在70%以上。带动4万多个家庭致富，使全市农民人均纯收入增加10%以上，催生了众多千万富翁和百亿企业，并带动商贸物流、信息通讯等相关产业发展。

界首再生铅循环利用产业每年回收加工利用废旧铅蓄电池45万吨，冶炼再生铅33万吨，每年可少开采铅矿石约3000万吨，节约原煤11.96万吨、节水439万吨，相当于少建10个大型铅矿企业。再生塑料循环利用产业年加工利用再生塑料80万吨，可节约石油360万吨，相当于少建3个中型化工厂。再生铜、铝循环利用产业年产20万吨再生铜、铝，可节约铜、铝矿石1000多万吨，大大减少了国家对原生矿产资源的开发，降低了金属冶炼中的能源消耗、水资源消耗和土地资源占用。界首市建立了覆盖全国的资源回收网络体系，常年有 10 万余人从事废旧物资收购、运输，既为循环经济产业发展提供了源源不断的原材料，又通过这支收购大军实现了有害固体废弃物的广泛收集、集中处理和再利用，极大地减少了资源浪费和面源污染的发生。按照目前界首每年回收 1 亿只废旧蓄电池计算，可减少国土占用和污染约 3000 平方公里；每年回收废旧塑料 180 万吨，可减少国土占用和污染 800 多平方公里。

界首的循环经济发展不是一帆风顺的，而是经历了诸多坎坷与磨炼，才实现了凤凰涅槃、浴火重生。主要做法有：

倡导生态工业理念，推进清洁生产。再生资源利用产业发展的初期阶段，由于法律、政策、工艺等多方面的原因，存在小散乱等不规范现象。一时间，再生金属产业"村村点火、户户冒烟"，原始、粗放的经营方式让这一产业背上了污染环境的罪名。面对这一局面，界首市积极作为，取缔小散乱企业，将再生资源加工企业统一整合到循环经济产业园，划定区域，集中加工，统一治污。对入园企业严格落实环境影响评价和"三同时"制度。通过关、停、并、转、迁等多种途径，淘汰了一批高污染、高能耗、技术工艺落后的企业。全市所有企业锅炉完成煤改气，规模以上企业均达到清洁生产一级以上水平，其他企业均达到二级水平。

加大技术投入，推进产学研合作创新。每年设立 3 亿~4 亿元的产业发展扶持资金，对企业技术革新、环境保护、安全生产等投资项目予以重点奖扶，将企业现场管理、清洁生产等纳入综合考评。鼓励产学研紧密合作，走创新发展之路。组织企业与清华大学、北京大学等高校及中国工程院等科研院所开展产学研合作，2018 年新增院士工作站 3 家，总数达 8 家；新增博士后工作站 4 家，总数达 9 家；引进高层次人才团队 4 家，激发企业发展动能。如天鸿公司，是 10 年前由 3 名下岗职工集资入股成立的民营小微企业，企业从农用地膜生产开始，通过与合肥工业大学等高校进行产学研合作，投资锂电池隔膜等项目，多次在创业创新大赛中获得优异成绩。

鼓励产业链式发展，打造战略性新兴产业集聚发展基地。界首市始终重视产业链的培育和打造，在引导现有企业延伸产业链条的同时，不断加强招商引资，集聚延链补链强链的高端项目入驻，推进产业高端化发展。如引进的东锦科技公司，从塑料造粒发展到短纤、长纤纺纱织布等阶段，最终实现2只矿泉水瓶生产1件衬衫的艺术之变。积极对接"中国制造2025"。通过政策引导和项目谋划服务，引导天能集团等企业加速"机器换人"，推动工业机器人发挥示范作用。围绕构建"互联网＋循环经济体系"，与清华大学、慧聪网等积极对接，强力推进再生资源网络总部经济项目落地，着力打造全国再生资源交易中心。

推进集团化和规模化运营，着力打造产业品牌。界首市按照现代企业制度的要求，积极支持和指导13家规模小、经营分散、市场竞争力弱的再生铅企业整合为华鑫铅业、华铂科技两家集团公司，引入职业经理人和财务团队，帮助企业推动股份制改造，两家公司再生铅机械化自动拆解、熔池熔炼冶炼装备和环保水平均达国内一流水平，企业的生存和竞争能力大大提升。2016年，华铂科技入选安徽省民营百强企业第12位。在再生铅产业的示范带动下，再生塑料、再生铝铜产业分别成立了华晨塑业、华翼有色金属集团。随着企业的组团造舰，抱团发展的规模越来越大。由于坚持规模化经营，界首市再生资源产业在全国的地位不断强化，知名度和影响力大幅提升，品牌逐步树立，界首市被评为全国循环经济示范市，界首高新区资源循环利用产业成为全国60个循环经济典型模式之一，先后荣获"全国循环经济示范园区""全国知识产权示范试点园区""全国有色金属绿色循环利用示范基地""全国城市矿产示范基地""国家动力电池循环利用高新技术产业化基地""国家火炬特色产业基地"等十余块国家级牌子。

四、创新型园区建设

培育和发展科技创新园区，是培育发展新动能、构建区域经济增长的重要举措。科技园区有利于资源集聚和产业集聚，提高资源配置效率，形成创新网络效应，进一步催生新技术、新业态、新模式、新产业，成为创新驱动发展的重要引擎。

（一）科技园区是创新活动的主战场

自 1951 年美国斯坦福大学开始创建科技园区以来，世界上许多国家和地区纷纷效仿，掀起了兴办科技园区的热潮，继美国"硅谷"之后，又相继形成了日本筑波科学城、中国中关村、中国台湾新竹、印度班加罗尔科技园区等有名的科技园区，至今全球 48 个国家和地区先后建立了 1000 多个科技园区。伴随着世界科技革命和产业转型升级浪潮，科技园区始终站在科技创新和经济发展的最前沿。我国自 1986 年以来，已建立了 145 家国家级高新技术开发区和众多的地方性高新技术开发区。它们围绕实施科技重大专项，培育战略性高新技术产业；加快科技成果推广应用，支撑重点产业振兴；大力支持企业提高自主创新能力，完善产业技术创新链；加快发展高新技术产业集群，提升高新技术产业在区域经济中的比重；支持科技人员服务基层，加强高层次人才引进和培育；推进体制机制创新，完善区域创新体系。在引领高新技术产业发展、支撑地方经济增长的使命中充分发挥了集聚、辐射和带动作用。

中关村科技园起源于 20 世纪 80 年代初的"中关村电子一条街"，是中国第一个国家级高新技术产业开发区、第一个国家自主创新示范区，被誉为"中国硅谷"。中关村经过 20 多年的发展建设，已经聚集以联想、百度为代表的高新技术企业近 2 万家，形成了下一代互联网、移动互联网和新一代移动通信、卫星应用、生物和健康、节能环保、轨道交通等六大优势产业集群，集成电路、新材料、高端装备与通用航空、新能源和新能源汽车等四大潜力产业集群和高端发展的现代服务业，构建了"一区多园"各具特色的发展格局，成为首都跨行政区的高端产业功能区。安徽合芜蚌自主创新示范区与中关村国家自主创新示范区有长期良好的合作。双方在开展股权激励等重大政策试点和体制机制创新、搭建创新和服务平台、开展重大科技攻关、促进科技成果转化、推进人才交流等方面合作，建立了有效的工作沟通和推进机制。2012-2014 年，合芜蚌自主创新综合试验区与中关村国家自主创新示范区实施项目 48 个，通过项目开发，形成了一批新产品，培养了一批人才，同时清华、北大等北京高校到合肥建立产业研究院，北京一些大企业到合肥建设产业基地。

（二）高新技术开发区蓬勃发展

建设国家高新区是党中央、国务院作出的重大战略部署，经过近 20 年发展，国家高新区已经成为我国高新技术产业发展的一面旗帜。充分发挥国家高新区的作用，对转变发展方式、坚持中国特色自主创新道路、实现国民经济依靠创新驱动发展具有重要意义。安徽高度重视高新区建设，截至 2017 年底，全省共有 19 家国家级和省级高新技术产业开发区，共实现营业收入 13332.3 亿元，省级以上科技企业孵化器 161 个，其中国家级 25 个。

1. 合肥高新技术产业开发区

合肥国家高新技术产业开发区（简称合肥高新区）是 1991 年国务院首批设立的国家级高新区，面积 128 平方公里，常住人口 20 余万。合肥高新区是安徽省新兴产业门类最全、创新潜力与活力最优、金融资本最为活跃、政策集成度最高、人才资源最为丰富的地区之一，获得国家首批双创示范基地、国家自主创新示范区、国家生态工业示范园区、国家创新型科技园区、国家知识产权示范园区、全国首家综合性安全产业示范园区、全国模范劳动关系和谐工业园区等多项国家级荣誉。

区位优势突出。北接 4E 级新桥国际机场，南临 4A 级紫蓬山森林公园，东距合肥高铁南站约 10 公里，西至六安市区仅半小时车程。合淮阜高速、长江西路高架贯穿而过，地铁 2 号线和规划中的 4 号、7 号、8 号线直通市中心。基础设施和综合配套完善，"七纵六横"主要路网全面建成，水、电、气保障能力超过现有高峰需求的 50% 以上。拥有合肥七中、中加国际学校、安医附院高新医院、省妇幼保健院国际医院、省口腔医院、质子医院、砂之船奥特莱斯等一大批优质配套机构，坐拥"生态绿肺"大蜀山国家森林公园，柏堰湖、王咀湖交相辉映，城区绿化覆盖率达 45%，水气质量优良率稳居全市前列。

产业体系完善。已集聚形成智能家电、汽车及配套、新一代信息技术、光伏新能源、生物医药、节能环保等高新技术产业集群，获批建设国家应急产业示范基地和智能语音、集成电路、生物医药集聚发展基地等省级以上新兴产业基地。园区高新技术企业迅速聚集，培育了科大讯飞、四创电子、安科生物、阳光电源、国盾量子等知名企业，引进了格力电器、美的电器、惠而浦（中国）、大陆轮胎、长安汽车、晶澳、美国 3M、日本 NSK、新华三集团等龙头企业，一大批企业的技术水平处于行业领先水平。园区企业 18000 余家，其中规模以上企业 215 家，外商投资企业 400 余家，境外世界 500 强投资企业 20 余家。

自主培育国家高新技术企业 603 家，国家及省市创新型企业 285 家，上市企业 18 家，新三板挂牌企业 46 家。

创新资源丰富。合肥综合性国家科学中心的七大创新平台中，超导核聚变中心、量子信息与量子科技创新研究院、天地一体化合肥信息网络中心、分布式智慧能源集成创新中心、离子医学中心等五大平台先后入驻。园区拥有中国科学技术大学先进技术研究院、中国科学院合肥技术创新工程院等新型协同创新平台，获批建设中德智能制造国际创新园和合肥"侨梦苑"暨侨商产业集聚区等国字号开放平台。园区企业建成省级以上重点（工程）实验室 22 家，省级以上技术（工程）研究中心 109 家；万人拥有发明专利数 262 件，专利申请授权数连续位居全省第一；集聚国家"千人计划" 23 人，"万人计划" 4 人，省、市"百人计划" 95 人，省战略性新兴产业领军人才 123 人，获批科技部"创新人才培养示范基地"；聚集各类科技服务机构 300 余家，各类科技企业孵化器和加速器 48 家，其中众创空间 25 家（国家级 9 家）、孵化器 18 家（国家级 6 家）、加速器 5 家，孵化场地面积 260 万平方米，在孵企业 3000 余家；建成区域性金融中心，集聚投资基金 80 余只，总规模超千亿元，提供天使投资、省青创资金、创新贷、政保贷等全方位、全周期的投融资服务。

"十二五"期间，合肥高新区累计实现 GDP 1987.1 亿元，是"十一五"的 2.7 倍，年均增长 16.7%；实现工业总产值 4654.4 亿元，是"十一五"的 2.9 倍，年均增长 16.4%；实现工业增加值 1382.6 亿元，是"十一五"的 2.6 倍，年均增长 13.3%；完成固定资产投资 1639.8 亿元，是"十一五"的 2.7 倍，年均增长 16.9%，其中工业投资 961.1 亿元，是"十一五"的 4 倍；累计招商引资超过 900 亿元，年均增长 11.2%；完成全口径财政收入 295.4 亿元，是"十一五"的 3.2 倍，年均增长 22.2%；城镇常住居民人均可支配收入、农村常住居民人均可支配收入均大幅增长。

2.芜湖高新技术产业开发区

芜湖高新区始建于2001年，2006年被批准为省级开发区，2010年9月升格为国家级高新技术产业开发区。总面积35平方公里，其中以现代服务业及电子信息为主导的北部核心区9.64平方公里，已全部建成；规划建设中的城际南站高端商务片区2.32平方公里；以先进制造业为主的南区产业新城22.8平方公里，建成2平方公里。十余年来，芜湖高新区始终坚持"发展高科技、实现产业化"的宗旨，在承接产业转移、产业集群建设、提升自主创新等方面发挥引领示范作用。获批科技部节能与新能源汽车创新型产业集群基地（试点）、工信部全国新型工业化示范基地（军民结合），服务外包产业园获批为省级现代服务业集聚区。

推进双创载体建设。园区初步建立"众创空间＋创业苗圃＋孵化器＋加速器＋产业基地"的梯级孵化体系。拥有各类众创空间5家，其中国家级1家；建成各类孵化器4家，其中国家级1家；孵化场地达8万平方米，累计孵化企业300余家。为支持创新创业发展，高新区出台了一系列的政策，搭建青年创业特色平台，双创文化氛围浓厚，双创人才不断汇聚。2017年6月，芜湖高新技术产业开发区成功获批第二批国家级"双创"示范基地，这也是继合肥高新区后安徽省第二个获批的国家级基地。

加快产业创新升级。园区围绕新兴产业"千百十"工程，重点建设新能源汽车、节能环保装备、智能电网、家用生活电器元器件、环保材料、膜材料及其装备、再制造等节能环保产业集群和服务外包、软件、研发机构等高新技术服务产业集群，打造千亿元产业园区。形成了新能源汽车及零部件、节能环保、电子信息、高技术服务业4个主导产业，打造了以奇瑞新能源、海螺集团、华东光电、三花科技、三只松鼠等为代表的具备核心竞争能力的企业群体。2017年上半年，战略性新兴产业累计实现产值140.74亿元，增长31.9%，高新技术企业80家。

打造创新人才特区。高新区以"引进一个团队，凝聚一批人才，振兴一个产业，为创新创业者提供广阔而坚实的平台"为主战略，结合芜湖市建设人才特区计划项目，高新区面向全球引进20名带有重大项目、关键技术和新兴学科的海内外高层次创新创业人才，为具有国内外领先技术、创新成果自主创业的人才提供创业启动资金、场地租金补贴等。同时，筑巢引凤，为海归精英、创业人才和团队提供人才公寓、子女入学、医疗等一系列配套优惠政策。2016年，芜湖高新技术产业开发区入选科技部创新人才培养示范基地。

3.蚌埠高新技术产业开发区

蚌埠高新区1994年4月成立，1995年5月启动建设，2010年11月被国务院批准为国家高新技术产业开发区，是国家级科技兴贸出口创新基地、国家新型工业化（硅基新材料）产业示范基地、国家级汽车零部件出口基地、国家级滤清器产业基地和安徽省首批战略性新兴产业（硅基新材料）集聚发展基地。2015年，蚌埠高新区在全国147家国家高新区综合排名进入前50强，连续4年实现争先进位，目前已迈进国家高新区第一方阵。蚌埠高新技术创新服务中心2009年获批国家级科技企业孵化器，2015年获批国家级小微企业创新创业服务示范基地。2011年以来，蚌埠高新区管委会连续两届被中央文明委授予"全国文明单位"称号，是国家高新区中唯一获此荣誉的单位。

蚌埠高新区现在总体规划用地面积136平方公里，就业和居住人口约15万人，各类企业1900多家，其中国家高新技术企业68家，外商投资企业近40家，上市挂牌企业20多家，总部设在高新区的13家。

蚌埠高新区现已形成了以硅基新材料、电子信息、高端装备制造等三大产业为主，新型显示（LED、OLED）、生物医药、电子商务等新兴产业和现代服务业齐头并进的"3+N"产业发展体系。以凯盛光伏新材料、豪威科技电子显示白板、方兴科技、国显科技、华益导电膜等企业为龙头的硅基新材料产业获批安徽省首批战略性新兴产业集聚发展基地，以大富工业智能机器人、中建材的埃蒙特机器人、中科电力的智能大型变压器、柳工的起重机和多功能高空作业车、中集安瑞科的压缩机等为代表的高端智能装备制造产业集群在全国具有一定的影响力，以中电科 41 所、中电科仪器仪表产业园、德豪光电、雷士照明、双环电子为代表的特色电子产业集群正形成加速集聚的发展态势。区内拥有以昊方机电为代表的全国最大的汽车空调电磁离合器生产基地，以中电科 41 所为代表的全国最大的养殖孵化机生产基地以及以华益公司为代表的世界最大的 ITO 导电膜玻璃生产基地，以国威、德国曼胡默尔昊业、台资凤凰滤清器为代表的全国最大的滤清器生产基地。安瑞科压缩机 CNG 加气站市场占有率全国第一，环球药业自主研制的国家一类新药盐酸安妥沙星是我国第一个具有完全知识产权的喹诺酮类抗感染药物，也是安徽人首次命名的新药。

蚌埠高新区始终秉承"发展高科技、实现产业化"的发展方针，围绕创新主体，积极构建创新平台，完善创新体系，大力推进科技创新，园区创新能力持续提升，获批建设国家创新型特色园区。区内聚集了各类研发机构、省级以上企业技术中心、各类孵化机构、创新平台 60 多个，其中国家级孵化器 1 个、国家级众创空间 1 个。区内拥有"BB"牌滤清器和"皖酒"等中国驰名商标，"昊业""好思家""HOFO"等十多个品牌被评为安徽省著名商标。中电科 41 所宽带微波毫米频谱分析仪项目以及方兴科技、凯盛集团、华益导电膜等公司的科技创新项目分别荣获国家科技进步二等奖和三等奖。

4. 马鞍山慈湖高新技术开发区

马鞍山慈湖高新区创立于 2002 年 5 月。建区 12 年，实现了由市级工业园向国家级高新区的蜕变发展，已成为国家新材料高新技术产业化基地、省利用外资工作先进开发区和省循环经济示范园区。

区位优势明显。位于马鞍山市区北部，地处皖江最前沿，北与江苏省交界，并与南京江宁开发区、南京滨江开发区相邻。205国道、宁铜铁路、宁安城际铁路、宁马高速穿区而过，可快速抵达长三角核心城市。现有长4.2公里的长江深水岸线，可常年通航万吨级船舶，已建成1个5000吨级危险品专用码头、4个5000吨级兼靠万吨级海轮泊位的公共码头，与国内外港口四季通航。

产业创新升级。已形成装备制造、新材料和现代服务业三大主导产业。装备制造方面，集聚了意大利迈特诺、西班牙艾科洛风电齿轮箱等一批创新能力强、产品科技含量高的高科技企业和项目。新材料方面，已初步形成了以丰原生化、中海新材料等龙头企业为主导的产业格局。现代服务业方面，积极推进建设钢铁生产交易产业园，加快发展水—陆—空多式联运的现代物流服务体系。园区各类工业企业近千家，其中规模以上工业企业77家。

配套服务完善。全区基础设施配套齐全，自来水管网覆盖全区；电力供应充足，现有4×30万千瓦发电厂1座，企业综合利用电厂2座，110KV和220KV变电站各一座。电厂和部分企业可向区内企业供应蒸汽；区内建有中压调压站一座，天然气供应充足。慈湖钢铁生产交易产业园初具规模，长江港口公共码头、长运物流港、慈湖铁路货运中转站等物流载体可全方位为企业提供物流配套服务。商务生活配套区基础设施日趋完善。

科技创新活跃。截至2017年底，全区共有高新技术企业61家（其中国家火炬计划重点高企5家）、高新技术产品191个。有效专利总数2000余件，专利成果转化率达60%。拥有各类研发机构37家（其中省级以上7家）。

当前，慈湖高新区强力推进自主创新与承接产业转移的有机融合，加快实施"东向发展战略"和"工业倍增计划"，做大做强优势产业集群，努力把高新区建设成为创新动力强劲、主导产业发达、创新人才集聚、人居环境优美的现代化科技新城。

发挥人才第一
资源作用

人才是创新的根基，是创新的核心要素，创新驱动实质上是人才驱动。2016年4月，习近平总书记在视察安徽时明确指出，安徽创新创业环境不错，这个地方是"养人"的，一方水土养一方人，是一个创新的天地。总书记特别强调，发展是第一要务，人才是我们经济建设的第一资源，一定要把这个搞好，择天下之英才而育之、而用之。总书记还勉励我们，要继续保持这种对科技和人才的重视，用好这一优势，强化创新人才队伍建设，在人才培养和创新领域取得更加骄人的成绩，为国家现代化建设作出更大的贡献。这些重要指示，既给我们巨大鼓舞，又给我们巨大动力，为进一步做好人才工作、发挥人才作用提供了根本遵循和行动指南。

人才是实现民族振兴、赢得国际竞争主动的战略资源。

要坚持党管人才原则，聚天下英才而用之，加快建设人才强国。

——习近平

安徽是人力资源大省，也是科教大省。近年来，安徽立足自身优势，深入实施人才优先发展战略，突出高端引领，坚持统筹推进，创新体制机制，人才队伍不断壮大、人才素质大幅提升、人才结构更趋合理、人才环境全面优化，人才创新创造活力迸发，为全省经济社会发展提供了坚强人才保障和智力支持。

党的十八大以来，安徽省人才总量每年约以 50 万递增。截至 2018 年底，安徽省人才总量达 817.3 万人，其中，党政人才 23.4 万、专业技术人才 376.6 万、企业经营管理人才 103.8 万、高技能人才 139.8 万、农村实用人才 163 万、社会工作人才 10.7 万。人才优势正转化为创新优势、产业优势、竞争优势、发展优势，人才引擎强力推动着现代化五大发展美好安徽建设进程。

一、战略布局人才优先发展

历史经验证明，较之于优先积累物力资本的国家，优先开发人才资源的国家不仅发展速度更快，而且发展质量更高、后劲更足。一些国家的经济实力、综合国力和国际竞争力之所以能迅速提升，就在于人才优先发展的引领和推动作用。党的十九大站在实现"两个一百年"奋斗目标的高度，强调要加快建设人才强国，实行更加积极、更加开放、更加有效的人才政策，以识才的慧眼、爱才的诚意、用才的胆识、容才的雅量、聚才的良方，把党内和党外、国内和国外各方面优秀人才集聚到党和人民的伟大奋斗中来。2017 年 12 月召开的省委十届六次全会，深入学习贯彻习近平新时代中国特色社会主义思想和党的十九大精神，聚焦实施人才强省战略，深化人才发展体制机制改革，推动形成聚才用才"强磁场"。2018 年 7 月召开的省委十届七次全会强调，要坚持人才是第一资源，深入实施"江淮英才计划"，着力创建平台、创优政策、创新环境，加快建设创新创业人才高地。近年来，安徽省大力实施人才强省战略，牢固确立人才引领发展的战略地位，坚持人才资源优先开发、人才结构优先调整、人才投入优先保证、人才制度优先创新，推动了全省人才事业持续健康发展。

（一）完善党管人才工作机制

党管人才是建设人才强国的根本保证，是人才工作的基本原则。

党管人才不是党组织简单地把人才管起来、统起来，也不是要党委部门取代职能部门的作用，更不是用条条框框束缚人才。从根本上说，党管人才是充分发挥党总揽全局、协调各方的领导核心作用，充分利用党的组织和资源优势，通过制定政策、创新机制、改善环境、提供服务，为有志成才的人提供更多发展机遇和更大发展空间，做到党爱人才、党兴人才、党聚人才。

完善人才工作格局。2013年5月，中共安徽省委印发了《进一步加强党管人才工作的实施意见》，强调发挥各级党委（党组）在人才工作中的领导核心作用，突出抓好管宏观、管政策、管协调、管服务各项工作，着力理顺党委和政府人才工作职能部门职责，推动建立健全党委统一领导，组织部门牵头抓总，有关部门各司其职、密切配合，社会力量发挥重要作用的人才工作格局，保证党的人才工作方针政策得到全面贯彻落实。

强化人才工作协同。各级党委组织部门切实履行牵头抓总职责，健全目标计划、组织实施、督查考核、改进提高等"闭合式"管理模式，系统推进各类人才队伍建设，有效提升了人才队伍建设的系统化、精细化、科学化水平。特别是注重加强对跨地区、跨部门、跨行业、跨系统人才工作的统筹，统一制定了党政人才、企业经营管理人才、专业技术人才、技能人才、农村实用人才、社会工作专业人才及教育、文化、卫生等10支重点人才队伍建设的工作方案及流程图，纳入常态化管理，有效增强了人才工作合力。

落实人才工作责任。安徽对16个省辖市及省人才工作领导小组成员单位开展人才工作目标责任考核，细化考核指标，加大考核力度。2015年起，将人才工作目标责任考核纳入全省领导班子和领导干部综合考核体系，把考核结果作为领导班子评优、干部评价的重要依据，并将人才工作列为落实党建工作责任制情况述职的重要内容。2018年8月省委、省政府出台的《关于实施新时代"江淮英才计划"全面夯实创新发展人才基础的若干意见》强调，进一步落实党政领导班子和领导干部人才工作目标责任，开展人才工作述职评议，提高人才工作在综合考核中的比重。同时，加强对相关部门职责落实情况的督查，尤其是对重点工程、重点项目和重要活动，进行跟踪督查、强化指导及绩效评估，发现问题及时协调解决，推动形成了各级领导干部特别是党政主要负责同志高度重视、切实抓好人才工作的工作局面。

人才工作是一项系统工程，是全党全社会的大事，需要发挥各方面作用，齐心协力推进。实际工作中，注重调动各方面积极性，引导人民团体、企事业单位、社会中介组织等社会力量广泛参与人才工作，全社会尊才、重才、惜才、用才的氛围日益浓厚。

（二）加强人才工作谋划部署

推动人才强省战略实施，必须加强人才发展的宏观谋划，健全推进人才发展的体制机制。2016年11月，安徽省召开了高规格的人才工作会议，省委、省政府主要领导出席会议并作重要讲话。会议深入贯彻习近平总书记关于人才工作的重要论述和视察安徽重要讲话精神，全面落实中央人才工作决策部署，着力创新更具竞争力的人才集聚制度，明确了当前和今后一个时期的人才发展目标任务，对加快人才强省建设作出了战略部署和系统安排。

深化人才发展体制机制改革，组织开展"双对标双查找"调研活动，重点围绕加强创新创业人才、企业家人才等14个专业领域和16个市的区域人才队伍建设，对标苏浙沪发展查找经验、对标打造人才高地查找差距，研究提出加强人才队伍建设、加快人才发展体制机制改革举措。2016年11月，中共安徽省委印发《关于深化人才发展体制机制改革的实施意见》，突出体制改革和政策创新，总结吸收近年来创新成果，借鉴外省先进经验，在人才发展管理体制和培养、评价、流动、

激励、服务保障等关键环节探索创新，提出了30条具体改革措施（简称"30条"）。"30条"中明确提出，到2020年，在人才发展体制机制的重要领域和关键环节上取得突破性进展，人才管理体制更加科学高效，人才评价、流动、激励机制更加完善，全社会识才爱才敬才用才氛围更加浓厚，形成与社会主义市场经济体制相适应、人人皆可成才、人人尽展其才的政策法规体系和社会环境，构建了纲举目张的制度设计体系。

切实加强人才工作的协调指导，专门成立了安徽省人才工作领导小组，组长、副组长由省委、省政府领导兼任，各职能部门主要负责同志作为成员，并根据工作发展变化及时调整充实组成部门及人员，不断完善议事规则和决策程序，充分发挥宏观指导、统筹协调职能。领导小组定期召开会议，交流情况、总结经验、分析问题，研究部署安排下一阶段工作，明确工作质量和进度要求。对一些需要多部门联动的工作，由省人才工作领导小组及其办公室直接协调推进，保证了目标任务的落实。

2016 年 11 月 30 日，安徽省委书记李锦斌在全省人才工作会议上强调：我们要从战略和全局的高度，深入学习、深刻领会习近平总书记重要指示精神，充分认识做好人才工作的重大意义，始终把人才作为第一资源、第一动力，聚力打造创新创业人才高地，真正以人才的优先发展引领经济社会更好更快发展。

（三）强化人才发展规划引领

有中长期的战略规划，有清晰的发展蓝图，有连续的政策支撑，这是安徽人才工作的制度优势所在。人才发展规划作为更好实施人才强省战略的总体规划和顶层设计，为安徽省实施人才强省战略、加快人才事业发展绘就了路线图，是当前和今后一个时期推动人才发展的指导性文件。

中共安徽省委、安徽省人民政府着眼为全省发展提供坚强人才智力支撑，组织编制《安徽省中长期人才发展规划纲要（2010—2020 年）》（简称"《规划纲要》"），对全面建成小康社会的人才发展目标、基本思路和重要举措进行了系统规划。《规划纲要》明确，到 2020 年安徽省人才发展的战略目标是：人才规模明显扩大，人才素质大幅提升，人才竞争优势显著增强，人才发展环境全面优化，基本确立安徽在中部和长三角地区的人才竞争优势，进入全国人才强省行列，把安徽建设成为全国人才集聚度高、人才素质优和人才效益好的省份。

根据《规划纲要》的要求，安徽省 16 个省辖市和各县市区，以及省直相关人才主管部门，均制定了区域或专业人才中长期规划，形成衔接配套的全省人才规划体系。各级都确定了重点人才工程，坚持项目化推进，示范推进各类人才队伍建设。据统计，省级层面实施 12 项重点人才工程，市、县分别确立 130 项、720 项人才工程。

制定实施"十三五"规划人才工作专章（简称"'十三五'规划"），

全面贯彻落实国家中长期人才规划纲要部署要求，主动顺应经济发展新常态，顺应产业升级和社会转型的需要，围绕实施创新驱动发展战略和区域发展战略，突出培养高层次创新型人才和高技能人才，聚力抓好重点人才工程实施，统筹推进各类人才队伍建设。"十三五"规划提出，到 2020 年形成人才规模明显扩大、人才素质大幅提升、人才竞争优势显著增强、人才发展环境全面优化的基本格局。

2018 年 8 月，省委、省政府部署实施新时代"江淮英才计划"，提出到 2020 年全省人才资源总量力争达到 1000 万人，初步建成人才强省，形成具有区域竞争力的人才制度优势，成为全国人才集聚度高、人才素质优和人才效益好的省份；到 2035 年，跻身全国人才强省前列，建成国际国内一流人才的汇聚之地、培养之地、事业发展之地、价值实现之地；到 2050 年，形成人人渴望成才、人人努力成才、人人皆可成才、人人尽展其才的生动局面，成为全球顶尖人才创新创业的重要集聚地。

二、大力培养开发高素质人才资源

重才须育才，这是人才事业发展的基础。建设中国特色社会主义的伟大事业，归根到底要靠一支规模宏大、结构优化、素质优良的人才队伍。安徽省不断加大人才培养开发力度，对接经济社会发展需求，优化培养方式，助力人才成长，统筹推进各类各领域人才队伍建设，真正将人口资源、人力资源上的优势，转化为人才资源优势，持续释放"人才红利"。

（一）注重加强人才政治引领

在新的历史条件下，人才是国家发展最宝贵的战略资源，我们党要科学执政、长期执政，必须直接掌握这一重要战略资源，把尽可能多的人才团结凝聚到党和国家事业中来。面对人才规模日渐壮大、人才构成更趋复杂、思想状况更加多元的客观现实，安徽省委、省政府不断加强人才政治引领和吸纳，注重推选专家担任"两代表一委员"，邀请专家列席重要会议和重大活动，对优秀年轻专家予以重点培养，重视中青年专家发展党员工作，切实增强人才向心力和凝聚力。制定实施《关于在广大知识分子中深入开展"弘扬爱国奋斗精神、建功立业新时代"活动的实施方案》，激励他们爱国之情、报国之志，把各方面优秀人才团结集聚到美好安徽建设各项事业中来，汇聚加快推进现代化五大发展美好安徽建设的磅礴力量。

认真落实党委联系专家制度，中共安徽省委主要领导带头联系服务专家人才，从 2001 年开始每年举办高层次人才座谈会，定期举行专家休假联谊等活动，充分发挥党组织凝聚人才的作用。特别注重加强政治引领，用好党的思想政治优势和组织优势，深入实施高层次人才国情研修规划，加强各类人才的思想教育，帮助专家了解国情，增强报效祖国、奉献人民的责任感使命感。

密切思想和感情联系，举办高层次人才迎春茶话会、专家暑期休假，以及中青年专家理论研讨班等活动，畅通建言献策渠道，建立特聘专家制度、专家咨询制度和顾问制度，开展服务"调转促"专家下基层活动，充分发挥各类新型智库作用。对涉及地方经济社会发展全局或专业性较强的重大事项，充分听取专家意见，提高重大决策科学化水平。

积极营造良好氛围，深入宣传党和国家人才工作方针政策，广泛宣传各类人才创新成果和先进事迹，定期组织开展"安徽省突出贡献人才奖""黄山友谊奖""安徽科学技术奖""安徽社会科学奖""安徽青年科技奖"等各类人才评选表彰活动，形成推进人才强省建设的浓厚氛围，营造尊重劳动、尊重知识、尊重人才、尊重创造的社会环境，形成人人渴望成才、努力成才的良好风尚。2013—2017年，安徽省共有6人获中国政府"友谊奖"（累计31名）、32人获安徽省政府"黄山友谊奖"（累计182名），涌现出一批乐于奉献、成就突出的典型专家。设立于2006年的"安徽省突出贡献人才奖"，出台伊始便因其条件高、规格高、待遇高而广受关注。突出贡献人才奖旨在重奖为安徽经济建设和社会发展作出突出贡献的各个领域的杰出人才。评选坚持不唯学历、不唯职称、不唯资历、不唯身份，以实绩论人才，特别是注重为安徽经济社会发展作出的贡献。2016年，在全省人才工作大会上颁发了第二届"安徽省突出贡献人才"奖，5位获奖者分别获得50万元奖励。

（二）加大人才教育培训力度

坚持"干什么学什么、缺什么补什么"的原则，根据不同类别、不同层次干部人才实际需要，统筹实施各项教育计划，不断提升干部人才培训的针对性、有效性。

深入开展分类培训。围绕强化领导干部理想信念，先后举办198期集中轮训班，积极组织全省市厅级、县处级干部认真学习贯彻习近平新时代中国特色社会主义思想和党的十九大精神；采取集中宣讲、专题培训、辅导报告、中心组学习等多种形式，对科级以下干部深入开展习近平新时代中国特色社会主义思想和党的十九大精神大规模全覆盖教育培训。在各级党校（行政学院）、干部学院主体班开设专题教学模块，先后举办学习贯彻习近平新时代中国特色社会主义思想等集中培训班2700多期，培训各级各类干部40余万人次，推动党的最新理论成果系统权威进教材、生动有效进课堂、刻骨铭心进头脑。围绕提升基层干部能力素质，印发加强和改进基层干部教育培训工作的实施意见，开展乡镇党政正职、村党组织书记能力素质提升等培训项目；围绕培养企业经营管理人才，举办涉及企业改革、法律、财务等知识培训班；加大民营企业人才培训力度，举办民营经济政策、"赛飞"创业辅导师等专题培训班。围绕推进专业技术人员能力培养，举办国家级、省级高级研修班，培训千余名重点领域中高层次、急需紧缺专业技术人才；开展10余期高级管理人才及产学研成果转化培训，培训企业专业技术骨干和管理人才500余人。围绕加强公务员职业道德教育，开发公务员职业道德培训课件，组织各级公务员参加网上职业道德培训。

切实加强实践锻炼。开展干部双向交流挂职，选拔干部担任扶贫副县长、科技副县长以及到江淮分水岭开展帮扶联络，做好援藏援疆干部人才工作。建立来自基层的干部培养选拔链，坚持选拔优秀大学毕业生到基层一线工作，从基层遴选公务员到省直机关工作。2008年以来，连续选聘8批、1万余名大学生村官，充实到农村基层一线锻炼成长。2016年以来，安徽省选调的高校毕业生，全部到贫困村或贫困人口较多的村任职锻炼。围绕打赢脱贫攻坚战，坚持"选硬人、硬选人"，2017年4月，省市县三级向1923个未出列贫困村增派4298名选派帮扶干部，每村派驻一支3人以上的扶贫工作队。

不断优化教育格局。为充分发挥安徽红色资源优势，加强和改进干部党性教育，2015年组建了安徽组织干部学院（安徽干部网络学院）、安徽金寨干部学院、安徽小岗干部学院、泾县新四军铁军精神干部党性教育基地、渡江精神干部党性教育基地"三学院两基地"，形成与党校、行政学院资源共享、优势互补的培训格局。"三学院两基地"运行以来，共开展和承接各类培训9400多批次、53万余人次直接接受教育。推动干部教育培训和互联网融合发展，依托干部在线学习平台开展网络培训，目前在线注册学员23.6万人，基本覆盖全省党政干部，办学规模居全国前列，并逐步向全省企事业单位和基层拓展延伸。

（三）推进重点人才工程建设

为服务"加快调结构转方式促升级行动计划"，2015年下半年以来，安徽突出产业发展需求，以企业家、高层次创新人才和高技能人才队伍建设为重点，以实施重大人才项目为抓手，以创新人才发展体制机制为动力，以加大人才投入和优化环境为保障，紧扣产业链打造人才链，力争用5年时间把安徽建设成为区域性人才高地。

党政人才素质能力提升工程。以坚定理想信念、增强执政本领、提高领导科学发展能力为核心，有计划开展党政人才大规模培训。举办学习贯彻习近平新时代中国特色社会主义思想和党的十九大精神集中培训班，以及学习贯彻习近平总书记视察安徽重要讲话精神轮训班，统筹抓好各级各类干部教育培训，进一步提高干部队伍能力素质。将领导人才和中青年领导后备人才作为培训重点，采取在职培训、轮岗交流、基层锻炼等方式，培养造就一大批高层次、复合型党政领导人才。

创新团队建设工程。依托安徽省重大科研和重大工程项目、重点学科、重点科研基地、国际学术交流合作项目等，吸引、凝聚国际或国内领先水平的中青年高级专家，培养造就一批科技领军人物，建立一大批各类人才创新团队。2006年以来，安徽省实施"115"产业创新团队建设工程，分11批共建立318支团队，集聚了1万多名优秀人才参与创新项目研发、科技攻关和科技成果转化，取得达到国际国内领先水平创新成果1000多项。其中，袁亮、陈学东等团队带头人当选院士。淮南矿业集团"煤矿瓦斯综合治理"创新团队，攻克了煤矿低浓度瓦斯利用的世界性难题。科大讯飞公司在发展之初，就是通过组建以刘庆峰为带头人的"115"创新团队，省里给予重点支持，团队逐步在语音领域取得一系列世界性成果，企业竞争优势明显增强。中组部对安徽产业创新团队建设形成人才聚集、成果叠加和培养延伸"三大效应"的做法予以肯定和报道，并选入《科学人才观》实践读本。新时代"江淮英才计划"进一步助推高水平团队创新创业，深化拓展"115"产业创新团队建设，对重点领军团队在项目资助、研发攻关和人才培养等方面的需求，采取"量身定制"方式给予支持。

案例9

"115"产业创新团队

设立过程：围绕安徽"八大产业基地""六大基础工程"的关键研发项目或国家重要项目而设立，每个团队面向国内外选聘1名领军人才作为"创新团队带头人"、5名科研骨干作为"带头人助理"。

政策支持：每年为团队带头人和助理分别提供岗位津贴，对创新团队成员申报职称、科研项目、经费等方面给予重点支持。

引才手段：团队所在企业采取"全职聘请"和"柔性引进"相结合方式，吸引高校、企业、科研院所中相关领域优秀人才加盟。

管理措施：安徽省人才办按照"合同管理、年度考核、津贴发放、检查监督"的方式进行管理。

企业家培养工程。组织实施"双百工程"，到2020年培养造就100名职业素养好、决策能力强、具有战略眼光的优秀企业家，100名综合素质好、专业水平高、市场意识强的优秀经营管理后备人才，一批具有较强生产经营或资本运作能力的高层次经营管理人才。实施"省属企业538英才选拔培养项目"，选拔培养800名具有较强经营管理能力和专业特长的优秀人才。实施"优秀企业家培育项目"，培养造就100名领军型企业家、400名成长型知名企业家、500名创新型企业家，以及一批优秀职业经理人，开展"徽商英才""明日之星""创业能手"和优秀职业经理人等优秀企业家评选工作。

专业技术人才知识更新工程。以高层次专业技术人才为重点，在现代农业、装备制造、信息技术等十大领域，全面开展知识更新继续教育。每年培训 2 万名中高级专业技术人才，改善其知识结构、提高其创新能力；每年从中小企业选派 50 名左右中青年专业技术人才到省属重点院校、科研单位和大型企业进行培养锻炼；每年从省人才资金中定向资助 20 个重点培训项目，加大对重点学科、重点工程、重点项目人才工作的支持力度；每年举办 20 期左右专业技术人员高级研修班，培训 1200 名左右高层次急需紧缺人才。

高技能人才培养工程。紧扣技工大省建设，实施"技能人才振兴计划"，力争到 2020 年，安徽省技能大师工作室达到 120 个，新建 30 个左右高技能人才培训基地、6 ~ 8 个公共职业训练基地，组织各类职业培训 500 万人次，全省高级工以上高技能人才达到 139 万人。新时代"江淮英才计划"围绕激发"皖工徽匠"创造活力，着力加强省级示范性公共实训基地、高技能人才培训基地、技能大师工作室等建设，推行企业首席技师制度，试行高技能领军人才年薪制和股权期权激励，完善"江淮杰出工匠"等高技能人才政府评选奖励制度。

农村实用人才带头人培养工程。深入实施"农村实用人才带头人素质提升计划"、"双培双带"先锋工程和新型农民培训民生工程。依托涉农院校、科研院所及特色行政村、龙头企业、科技示范园等建设农村实用人才带头人培训基地和实践基地，通过开展技术交流、学习研修和观摩展示等活动，加强对致富带头人、科技带头人、经营带头人等优秀农村实用人才的培养。

教育名师培养工程。着眼于培养造就一支高素质创新型教育人才队伍，组织对各类学校骨干教师

江淮汽车生产线上工作的技术工人

和教育管理者进行创新教育培训，推进安徽省"皖江学者"计划、"高校博士后工程"和"安徽省高职高专带头人培养计划"，重点培养 100 名国内外知名学者，1000 名左右在本学科领域有一定影响的学术带头人和教学名师，10000 名在学科领域内起重要作用的省级和校级教学科研骨干。

宣传文化人才培养工程。遵循宣传文化人才成长规律，培育宣传文化领域拔尖人才和领军人物，造就既熟悉意识形态工作，又懂经营、善管理、精策划的创新型、复合型、外向型、专业型人才，培养文化产业经营管理、高新技术、新媒体产业等领域急需人才。进一步完善"六个一批"人才培养政策措施，加大支持力度，重点选拔培养 500 名左右理论、新闻、出版、文艺、文化产业经营管理和现代传媒信息技术等领域的拔尖人才。

贫困地区和基层人才支持工程。出台鼓励引导人才向基层和艰苦地区流动意见，通过鼓励高校毕业生到基层和艰苦地区就业创业、完善县一级人力资源市场功能等 12 条措施，引导优秀教师、医生、专业人员、社会工作者、文化工作者等方面人才积极为山区、老区、库区、民族集聚地区经济发展服务。实施乡村企业家培育工程，打造一支规模宏大的知识型、技能型和创新型乡村企业家人才队伍，服务乡村振兴发展。引导和鼓励高校毕业生到基层创业就业，加强对高校毕业生创业意识的教育和创业能力的培训。通过政府购买工作岗位、实施学费和助学贷款代偿、提供创业扶持等方式，引导高校毕业生到基层服务、就业和自主创业。推进高校毕业生到乡村任职工作，到 2020 年实现村村有大学生。

（四）促进区域人才协调发展

坚持因地制宜推进人才工作开展，增强人才服务发展的实效性，统筹各类人才队伍建设，促进了全省经济社会协调发展。

着力打造合芜蚌"人才特区"，引领安徽省自主创新能力大幅提升。2012年，安徽省借鉴北京中关村、上海张江和武汉东湖人才特区建设经验，依托合芜蚌试验区开展人才管理改革试验区建设，实施了六大工程和10项特殊政策，引进1万多名各类高层次人才，有效增强了试验区自主创新能力。在试验区大力推进股权和分红激励，让优秀人才合理分享创新收益，截至2018年，有155户国有科技型企业近3000人享受了激励政策，获得6.3亿元激励资金，有效激发了人才创新创造活力。以债权投入或股权投资等方式，共激励扶持398个高层次科技人才团队来皖创办企业。

在皖北地区，注重加强农村实用人才培养。实施了万名农村实用人才带头人示范培训工程，3年时间示范带动本地自主培训10万多名实用人才，安徽省农村实用人才队伍建设工作在全国人才工作座谈会上作了交流。2016年启动皖北地区产业创新团队3年支持计划，投入1000万元，扶持当地围绕主导产业和战略性新兴产业建立100个创新团队，至2018年已全部完成创新团队建设和支持任务。连续多年组织专家服务团赴皖北等地区开展"服务调转促专家下基层"科技咨询活动，2018年组织60个服务团近200名专家下基层开展帮扶活动。2019年，制定实施人才智力支持大别山等革命老区脱贫攻坚若干措施，落实选优建强乡村干部队伍、提升乡村干部脱贫攻坚能力、放宽基层机关公务员招录条件等12条举措，引导人才智力向革命老区汇聚。

在皖南地区，注重加强文化旅游人才队伍建设。皖南国际文化旅游示范区建设确定后，提前谋划制定若干意见，重点围绕乡村文化旅游、导游和"非遗"传承人等8类人才，提出培养、引进、使用和激励举措。2016年制定实施《安徽省旅游英才培养计划》，首批遴选300名旅游人才予以培养支持。组织开展"乡村旅游带头人""旅游行政管理人才"等各类专题培训班200多个，培训3000多名文化旅游人才。皖南旅游人才市场正式揭牌开业，为旅游人才提供一站式交流服务平台。

三、集聚引进海内外高层次人才

习近平总书记强调，"要实行更加开放的人才政策，不唯地域引进人才，不求所有开发人才，不拘一格用好人才"。在经济全球化深入发展的背景下，作为"第一资源"的人才在全球范围内加快流动。从国际范围来看，随着新一轮科技革命和产业变革的孕育兴起，国际人才竞争日趋激烈，抢占未来发展先机，最重要的就是抓住人才这个制高点。美国把人才列为比美元、军事更重要的国家核心战略，通过实施移民新政等举措抢占人才；欧盟从2014年起启动支持青年专业人才跨境培养行动计划，推动优秀人才和知识在欧盟内良性循环。从国内发展来看，各地纷纷推出更具吸引力的人才举措，千方百计加速集聚人才。沪苏浙等对人才求贤若渴，对高端人才的争夺日趋激烈，已经形成强大的"虹吸效应"。从安徽省情来看，近年来育才、引才、用才力度不断加大，支撑产业转型升级迈出了坚实步伐，但总体上依靠资源、资本、劳动力等要素驱动的发展模式尚未根本改变，如果人才工作跟不上，在新一轮区域竞争中就会陷于被动，错失发展良机。安徽必须构建更加开放的人才工作体系，建立更加灵活的引才机制，在全球范围内开发和集聚人才资源，全面参与海内外人才竞争与合作，聚天下英才而用之。

（一）聚焦重大战略

坚持特事特办、先行先试，围绕合肥综合性国家科学中心建设，安徽省及时出台《关于合肥综合性国家科学中心建设人才工作的意见（试行）》，着眼引进国内外一流人才，从薪酬待遇、出入境便利、编制职称、配套服务等方面提出 10 条富有含金量的举措，为合肥综合性国家科学中心建设提供有力人才支撑。

加大科学中心引才力度，支持用人主体招才引智，实行人才常态化引进。开辟特殊引才通道，对引进国际、国内顶尖人才和科学中心建设特殊需要人才及其科研团队，采取"一事一议"方式创造条件实行精准化引进。同时，实行引进人才奖补政策。

采取特殊激励保障措施，一方面强化知识价值激励导向，支持按照知识、技术、管理、技能等要素贡献参与分配，科技成果转化收益用于奖励重要贡献人员和团队的比例首期可达 90%。对作出重要贡献、成就突出的，不受国籍限制参评"突出贡献人才奖"，给予获奖人才每人 100 万元奖励等。另一方面注重解除人才后顾之忧，为引进人才和团队成员及其配偶子女等，提供签证和居留便利，重点涉及放宽申请永久居留条件、提速永久居住证办理，降低门槛、扩大长期居留签发范围等；优化生活配套服务，向非本地户籍引进人才发放"江淮优才卡"，作为居住和工作证明，用于办理住房、配偶就业、子女入学、医疗保险等事务，享受优质公共文化服务；加快人才公寓房、外籍子女学校、重点医院国际医疗部等配套设施建设，打造拴心留人的生活环境。

创新科学中心人才管理方式，开辟职称评审绿色通道，科学中心引进的海外人才高级职称实行自主评定，重点围绕人才个人能力、业绩贡献和业内公认度等开展评价，不受身份、任职年限限制，由 2 名同专业领域正高级职称人才推荐，经科学中心职称评审委员会评审，报省主管部门备案。改进事业单位岗位管理模式，支持科学中心用人单位设立特设岗位和流动岗位柔性引进人才，不受岗位总量、最高等级和结构比例限制。畅通科学中心高层次人才在全省各类高校、科研院所和企业间流动渠道。创新人员编制管理方式，保障供给，满足科学中心机构建设和各用人单位引进急需紧缺人才需要。

同时，合肥市于 2017 年 7 月制定《关于建设合肥综合性国家科学中心打造创新之都人才工作的意见》，未来 5 年将安排不少于 20 亿元人才发展专项经费，实施人才发展"6311"工程，通过体制机制创新，力争新引进培养国内外顶尖人才和国家级领军人才 600 人、省市级领军人才 3000 人、高级人才 10000 人，集聚科技创新创业人才不少于 10 万人，以人才优先发展打造新一轮创新优势、产业优势和发展优势。

（二）突出高端引领

安徽省人才规模日益壮大，但结构性矛盾突出，高层次人才特别是一流科学家、科技领军人才相对匮乏，能跻身国际前沿、参与国际竞争的世界级大师更为稀缺，一定程度上制约了创新能力的提升。实施创新驱动战略，必须突出高端人才这个重点，着重造就一批经济社会发展各个领域的高层次人才，充分发挥他们的骨干和核心作用。

加大海外高层次人才引进力度。2008 年以来，安徽省共有 319 人入选国家级海外引才工程、计划，入选数居全国先进和中部地区前列。同时组织实施省级引才工程、计划，先后遴选支持了 172 名海外高层次领军人才、122 名外国专家，形成了引进一个高端人才、带来一个创新团队、催生一个新兴产业、培育一个新经济增长点的倍增效应。2012 年以来，安徽省共实施引智项目 2000 余项，引进外国人才 2 万余人次，选派各类人才出国培训 4000 余人次，建成国家级、省级引智成果示范基地（单位）30 个。目前安徽省省级引才工程、计划引进的专家共承担 200 多个国家或省部级项目，攻克科技难题 500 多项，成为推动安徽省经济转型升级的生力军。通过海外人才智力引进，突破了一大批关键技术，近年来高新产业产值增速接近 15%，对规模以上工业增长的贡献率超过 40%。

实施省内创新创业领军人才特殊支持项目。2014 年起，安徽省财政每年投入 5000 万元，拟 10 年遴选支持 1000 名能够突破关键技术、发展高新产业的领军人才，每个入选者给予一次性 50 万元支持经费，专项用于领军人才自主选题研究、人才培养和团队建设等，已遴选产生 5 批共 500 名创新创业人才；实施"卓越人才培养工程"，立足本省选拔 500 名学术和技术带头人、1000 名产业技术拔尖人才，面向海内外引进 5000 名博士后等青年创新创业人才。

创新开展优秀高校毕业生选调工作。2017 年首次面向北大、清华等 10 所全国重点高校定向招录选调生，共选拔定向选调生 198 名，其中博士研究生 50 名、硕士研究生 107 名、本科生 41 名，标志着安徽省选调生工作在主动走出去宣传推介安徽、招纳优秀人才方面迈出重要一步。2018 年，安徽省再次面向 12 所全国重点高校定向招录选调生 164 名。同时，坚持定向选调与常规选调相结合，推进与大学生村官统筹衔接，认真开展常规选调生招录工作。

（三）强化柔性引才

坚持"不求所有、但求所用"，通过搭建平台、合作对接、海外筑巢、亲情乡情等渠道，柔性引进各类"高精尖缺"人才。

健全柔性引才机制。安徽省人才发展中长期规划、"十三五"规划明确提出，把柔性引才工作作为重要内容，安徽省人才工作领导小组每年对柔性引才工作作出专项部署。先后制定出台 22 项措施，促进省内高校、科研院所与企业间人才相互柔性流动，鼓励各地和各类企业、高校、科研院所等用人单位发挥主体作用，创新方式做好柔性引才工作。

目前，合肥、芜湖、淮南、宣城、宿州等地已出台柔性引进人才办法。

完善柔性引才平台。中国科学技术大学先进技术研究院（简称"先研院"）由安徽省、中国科学院、合肥市、中国科学技术大学四方共建。先研院在建立之初就打破体制温床，成为"无编制、无预算、无级别"的三无单位。在"编制、经费、级别"这些传统体制内资源缺乏的情况下，先研院探索出一条以柔性方式引进人才的新机制。6年多，先研院通过与中国科学技术大学联合聘用、合作单位选派、聘用企业指导导师等多种方式柔性引进包括两院院士在内的高层次人才1000多名，有效打破了人才引进体制壁垒，破除身份障碍，在资源相对有限的情况下引进具有丰富经验的科教创新高端人才，释放其在应用型科技项目研发、成果转化及人才引进与培养方面的能量，畅通了创新、创业的源头活水。

创新柔性引才形式。通过顾问指导、短期兼职、项目合作、技术联姻等方式，积极引进国内外优秀人才和智力，形成一大批在皖工作的"星期天工程师""候鸟型教授"。安徽省政府与国家外专局合作开展引进国外人才和智力试验区建设，打造高端外国专家引智项目、外国专家江淮行等活动品牌，组织外国专家来皖开展汽车、旅游、新能源等领域的专题服务活动。

（四）搭建创业平台

建好用好、做大做强现有重大人才平台，提升重大人才平台的吸引力，在集聚高端人才、发展高新产业、建设高效平台上充分发挥引领示范作用。支持省级、市级人才基地等发挥各自独特优势，拉高发展标杆，加强规范化建设，提高对海内外优秀人才资源、优质创新资源的吸引力和承载力。

加强引才用才平台载体建设。紧紧围绕增强科技创新能力，加快建设具有重要影响力的综合性国家科学中心，推进一流的大科学工程和设施集群、一流的高水平大学和科研机构、一流的创新成果转化体系建设，支持建设各类研发平台，搭建科技攻关、产品研发和成果转化载体。2016 年，聚焦"三重一创"等重点领域，确定了 14 个省级工程研究中心。新增 1 个国家级工程实验室、5 个国家地方联合工程研究中心（工程实验室）、5 家国家企业技术中心，新设 30 家省级博士后科研工作站。合肥综合性国家科学中心正式获批建设后，随着大科学装置强大的凝聚力量的发挥和创新能力的不断提升，安徽与国外科研机构和人员的合作创新更加广泛。密切与中央驻皖高校院所人才对接，采取联合研发、共建共育等多种模式，重点建设了清华大学公共安全研究院等 30 多家新型创新创业实体，有力提升了全省高端研发创新能力。

推进全方位产学研用合作。支持有条件的高校、科研院所、企业建立办学机构、研发机构，吸引使用当地优秀人才，全方位提升安徽科技合作水平。2010 年开始，着眼于构建安徽产学研创新体系，依托战略性新兴产业建立了近 200 个技术创新战略联盟。加大平台载体引才聚才的扶持和激励力度，2016 年开始设立专项资金，对全省引才业绩良好的单位和平台给予资助奖补，引才平台最高可获 100 万元奖补。

实施"创业江淮"行动计划。出台《关于进一步扶持高层次人才创新创业的若干意见》，推出 10 条新政，重点从财税金融、科研资助、保障服务、政策激励等方面对高层次人才在皖创新创业加以扶持。2015－2017 年，安徽全面实施创客逐梦工程、创业领航工程、创业筑巢工程、融资畅通工程、青年创业工程、高端人才创业工程、返乡农民工创业工程、大学生村官创业工程等八大工程，积极打造创业服务云平台和创业创新竞赛平台，加快推进大众创业、万众创新。在合肥、芜湖、蚌埠等中心城市建成 10 个以上示范性众创空间，推动创新创意成果转化及与社会资本进行对接；加大创业教育和创业培训实施力度，打造全链条创业创新人才培养载体，每年开展创业培训不少于 7 万人次；提供高端人才创业创新便利条件，吸引集聚留学归国人员、专业技术人员等高端人才来皖创业创新。

四、营造人才创新创业良好环境

实践证明，人才竞争的核心是制度设计，关键是环境营造。好的环境，对内是凝聚力、向心力和驱动力；对外是吸引力、竞争力和生产力。近年来，安徽省着力打造人才生态最优省份，不遗余力地推进人才制度创新，营造敬才重才的社会环境、识才用才的工作环境、引才聚才的政策环境、优才留才的生活环境，为实施创新驱动发展战略提供有力的人才支撑。

（一）推进人才管理体制改革

不断完善引才聚才的政策环境，着力破除体制机制障碍，向用人主体放权，为人才松绑，让人才创新创造活力充分迸发，使各方面人才各得其所、尽展其长。

转变政府人才管理职能。进一步简政放权，根据政社分开、政事分开和管办分离要求，强化政府人才宏观管理、政策法规制定、公共服务、监督保障等职能。消除对用人主体的过度干预，完善政府人才管理服务权力清单和责任清单，清理和规范人才招聘、评价、流动等环节中的行政权力事项和收费事项，赋予高校、科研院所等事业单位充分的用人用钱、科研管理和成果转化自主权。在科研管理上，扩大学术自主权和个人科研选题选择权，自主布局科研项目；对保留、取消、下放、转移的人才管理服务权力事项，完善监管细则，确保运行规范。

落实用人主体自主权。充分发挥用人主体在人才培养、吸引和使用中的主导作用，全面落实国有企业、高校、科研院所、公立医院等企事业单位和社会组织的用人自主权。改进事业单位岗位管理模式，建立动态调整机制。支持高校、科研院所、公立医院及省属公共卫生机构设立特设岗位，自主引进一批掌握国内外领先技术和教学科研成果的高层次人才和团队。支持建立高层次人才协议工资制等分配办法。

健全市场化管理服务体系。遵循市场经济规律，构建统一、开放的人才市场体系，完善人才供求、价格和竞争机制，使市场在人才资源配置中起决定性作用。深化人才公共服务机构改革，大力发展专业性、行业性人才市场，鼓励发展高端人才猎头等专业化服务机构，放宽人才服务业准入限制。建立健全政府购买人才服务体系，积极培育各类专业社会组织和人才中介服务机构，有序承接政府转移的人才培养、评价、流动、激励等职能。充分运用云计算和大数据等技术，开展人才专项调查和人才综合信息分析，为用人主体和人才提供高效便捷服务。扩大社会组织人才公共服务覆盖面。完善人才诚信体系，构建守信联合激励和失信联合惩戒机制。

（二）完善人才评价激励机制

围绕人才培养、流动、评价和激励，不断探索新机制，出台了一系列有针对性的政策措施，优化有为有位的工作环境，使人才创业有机会、干事有舞台、发展有空间。

构建多元评价体系。充分发挥人才评价指挥棒作用，逐步建立健全以职业分类为基础，以科学评价为核心，以促进使用为目的，以品德、能力和业绩为导向的科学化、规范化、社会化的人才评价机制，为人才职业发展开辟宽广通道。先后出台《关于分类推进人才评价机制改革的实施意见》《关于深化职称制度改革的实施意见》及6项职称配套文件，围绕深化职称制度改革，采取试点先行、重点突破、逐步到位的办法，突出岗位特点完善评价标准，强化企业主体拓展评价范围，引入第三方评价机构。已有1000多名工程系列技术人员破格获得副高以上专业技术资格。对企业工程技术领域人才，采取不受学历、资历和论文数量限制等"八免"措施，解决了一大批优秀人才的职称问题。

打通人才流动通道。深化企事业单位人才双向流动，通过双向挂职、短期工作、项目合作等方式，每年引导或选派一批高校博士、教授向企业一线流动，同时推动企业优秀创新人才向高校流动；高校、科研院所设立一定比例流动岗位，吸引创新创业人才开展教学科研活动；鼓励具有硕士、博士学位授予权的高校聘任企业高层次人才担任兼职导师或指导老师。打破行政层级和行业部门之间的编制壁垒，建立"省级统筹、重点保障、动态调整、周转使用"的编制周转池制度。首批在安徽省18所本科高校和部分公立医院开展试点，核定周转池编制，并完成与之相衔接的岗位设置调整和职称评聘工作，解决了高层次人才"无岗可聘"和专业技术职称晋升难等问题，彻底让机制活起来、让编制转起来。编制周转池制度已在安徽省本科高校全面推开。同时，根据合肥综合性国家科学中心科技领军人才以及重大科技基础设施运行维护等专业性人才需求，调剂事业编制供其周转使用。创新事业单位岗位管理，推动建立岗位统筹管理和动态调控机制，制定出台事业单位专业技术人员离岗创业人事管理细则，促进事业单位专业技术人员在皖创新创业。

健全人才激励机制。进一步加大科技创新和成果转化激励力度，按照新时代"江淮英才计划"政策措施，推动知识、技术、管理、技能等生产要素按贡献参与分配，通过协议工资、项目工资、成果作价入股、期权奖励等多种形式落实经济待遇，让优秀人才在创新创业中充分享有回报。强化和完善高层次人才激励保障，实施"科技成果转化三权改革项目"，建立符合科技成果转移转化特点的岗位管理、考核评价和奖励制度；推进实施"企业股权和分红激励项目"，探索实行混合所有制企业员工持股。注重引入风投、信贷、保险、担保等金融扶持，给予适度的财税减免政策，帮助科技创新型企业度过创业风险期。设立省级高层次人才创新创业风险投资基金，对符合条件的经营团队和领军人才给予股权和分红权激励。支持知识产权法院（庭）建设。实行奖金个税优惠减免政策。高新技术企业和科技型中小企业科研人员通过科技成果转化取得股权奖励收入时，可原则上在 5 年内分期缴纳个人所得税。科研机构、高等院校转化职务科技成果以股份或出资比例等股权形式给予科技人员个人奖励，依法享受个人所得税优惠。

（三）加强人才服务保障工作

鱼无定止，渊深则归；鸟无定栖，林茂则赴。人才竞争的背后，实际上是人才环境的竞争。在建设现代化五大发展美好安徽征程中，安徽正以更加开放的人才理念、更加优越的人才环境，不断解放和增强人才活力，构建科学规范、开放包容、运行高效的人才发展服务体系，奋力打造近者悦、远者来的良好环境。

创新服务方式。围绕"人才链"构建"服务链"，探索人才个性化、人本化服务模式，贴心贴近做好精准细致的人才服务工作。安徽省被列为首批外国人来华工作许可制度改革试点，自 2016 年 11 月起，安徽省 16 个市实施外国人入境就业许可、外国专家来华工作许可"两证整合"，"一个窗口"对外服务。为方便引进人才办理具体事务，向高层次人才发放"江淮优才卡"，实现各项服务"一卡通"。

完善信息平台。2016 年 7 月 7 日，"安徽省高层次人才综合信息服务平台"建成并投入使用，实现网络与实体相结合、网上与网下相结合，完善政策发布、信息交流、项目供需、工程申报和全程跟踪五大系统，为各类人才提供一站式、保姆式的服务，切实解决人才服务"最后一公里"问题。广大人才可通过平台，更加方便快捷地了解安徽省人才工作的各项政策，并通过线上、线下的途径进行落实，让人才办事"最多跑一次"；各级政府和部门可通过平台，实现与人才的互联互通互动，人才信息沟通更加便捷，人才政策宣传更加到位，人才工作政策落实更加高效。编发"一册通"，分门别类编制人才政策手册，明确实施细则和操作流程，为各类人才创新创业提供政策指南。

强化生活保障。加强人才住房、子女就学、配偶就业等方面政策保障，着力打造人才服务的软环境。优化教育服务，对引进的高层次人才，其子女接受学前教育和义务教育，尊重本人意愿，优先安排到公办学校（幼儿园）就学；接受普通高中阶段教育的，按"同级互转"原则妥善安排。外籍人才子女可实行弹性学制。鼓励各地向引进的海内外高层次人才子女在皖学习发放教育补贴。合肥已建成5所外籍人才子女学校，省属重点学校普遍开设国际部。完善医疗待遇，健全高层次人才医疗保健制度，落实两院院士医疗保健待遇，对其他高层次人才可分别纳入省或市干部医疗保健对象范围。在9家省属综合医院设立专门服务窗口，提供预约诊疗和外语服务，积极引进国际先进医疗机构临床技术，探索建立国际医疗结算体系。提供住房保障，加快各类人才公寓建设，提供功能齐全、环境优美、交通便捷的住房、公寓，实现拎包入住；鼓励各地放宽住房公积金支付房租标准和购买自住房贷款额度；鼓励大型企事业单位、产业园区平台利用自用存量工业用地建设租赁型人才公寓等配套服务设施，鼓励各地对来皖创新创业人才给予首次购房一次性补贴，入住人才公寓的在一定期限内免除租金，让广大人才在安徽工作安心、生活舒心，真正打造人才济济、最为"养人"的省份。

激发体制机制
创新活力

1985 年，《中共中央关于科技体制改革的决定》发布，吹响了科技体制改革的号角。回顾过去的科技体制改革，无论是"稳住一头、放开一片"、推动应用型院所转制、建设国家高新区，还是发展技术市场、扶持技术中介机构、设立国家科技重大专项，包括鼓励和促进科技成果转移转化的一系列政策措施，都是为了解决科技与经济"两张皮"的问题，打通创新链与产业链的通道，使科技与经济更加紧密地结合在一起，更好地满足国家重大需求，支撑经济社会发展。随着改革开放以来中国社会的快速发展以及世界新一轮科技革命不断加速，经济发展进入新常态。对此，党的十八大提出实施创新驱动发展战略，强调"必须把科技创新摆在国家发展全局的核心位置"。2015 年，《中共中央国务院关于深化体制机制改革加快实施创新驱动发展战略的若干意见》出台，自此，中国体制机制改革踏上新的征程。

要深化科技体制改革，坚决扫除阻碍科技创新能力提高的体制障碍，有力打通科技和经济转移转化的通道，优化科技政策供给，完善科技评价体系，营造良好创新环境。

——习近平

党的十九大报告指出要坚持全面深化改革，构建系统完备、科学规范、运行有效的制度体系。围绕科技体制改革，中共安徽省委、安徽省人民政府作出了一系列部署。坚持创新驱动发展和科技体制改革"双轮驱动"，把深化科技体制改革作为安徽省首轮改革的重点任务，推动科技创新从过去拼政策、拼资源向释放改革红利转变。2012 年，为深入贯彻《中共中央、国务院关于深化科技体制改革加快国家创新体系建设的意见》和全国科技创新大会精神，中共安徽省委、安徽省人民政府出台了《关于深化科技体制改革加快区域创新体系建设的实施意见》，明确了深化科技体制改革、加快建设具有安徽特色区域创新体系建设的总体要求和主要目标。通过科技体制机制创新，激活"第一动力"，打基础、管长远的举措相继落地，安徽省自主创新能力不断提升。

一、激发企业创业活力

科技投入强度与经济增长存在显著的正相关关系。适度强化的科技投入有助于迅速提升技术水平，通过技术创新促进经济增长，提升国家竞争力。党的十八大以来，安徽持续加大科技投入，坚持政策支持、资金支持、项目支持相衔接，合力服务保障系统推进全面创新改革试验和创新型省份建设。

（一）科技扶持政策投入

2014年2月，安徽省先后出台了《关于实施创新驱动发展战略进一步加快创新型省份建设的意见》及6个配套文件（简称"1+6"），把创新驱动发展战略落到实处。为提高配套文件的针对性、可操作性，2015年，安徽省人民政府对支持自主创新能力建设等5个实施细则进行修订，将国家重点新产品研发后补助实施细则纳入促进科技成果转化实施细则，新制定加强实验室建设、科技重大专项、推进科技保险试点工作3个实施细则，形成"1+6+2"配套政策。2014—2015年，配套政策共兑现省补助11.5亿元，引导市县先行补助14亿元，拉动企业研发投入80多亿元。

"调结构转方式促升级是经济发展的永恒主题，更是实现新常态下新发展的根本之举。"2015年9月，安徽省加快调结构转方式促升级动员大会发布"4105"行动计划，吹响了全面打好转型升级攻坚战的冲锋号。各地主动适应引领新常态，自觉践行新发展理念，以加快调转促为主抓手，凝心聚力狠抓落实，推进行动计划落地生根，促进增长动力实现新转换、产业发展保持中高速、产业结构迈向中高端，为实现"十三五"发展良好开局奠定坚实基础。

2015 年 9 月 18—19 日，全省加快调结构转方式
促升级动员大会在合肥召开

2017 年 4 月，为贯彻落实五大发展行动计划，深入实施创新驱动发展战略，推进科教大省和创新型省份建设，充分发挥科技创新引领作用，安徽省人民政府又对现有科技创新政策进行修订完善，出台了《支持科技创新若干政策》（简称"创新十条"），最终构成覆盖创新驱动发展链条的政策供给体系。

一系列新政策、新机制助推了安徽省科技创新潜力持续释放，经济发展正奋力实现从要素驱动到创新驱动的惊人一跃。"十二五"以来，安徽省突出企业、产业、城市、体系和政策环境"五位一体"建设，厘清政府和市场的关系，建立起"省抓推动、市县为主、部门服务"的责任机制，"企业愿意干、政府再支持，市县愿意干、省里再支持"的推进机制，依据市场和创新绩效评价进行后补助的支持机制，极大地调动了企业、市县政府推进科技创新的积极性，有效激发各类主体创新创业活力。2016年，支持企业创新税收优惠政策的实施，累计为企业创新减负84亿元。企业股权和分红激励政策出台后，合肥、芜湖、蚌埠三市共155家企业实施该项政策，激励人才2899人，激励金额6.26亿元，充分激发了科研人员创新创业活力。

（二）财政科技经费投入

安徽省围绕强化企业技术创新主体地位，加大财政科技投入力度，引导企业加大研发经费投入，全面提升企业的技术创新能力，有力地激发了企业自主创新活力。

研发投入持续增长。"十二五"以来，安徽省高度重视企业技术创新主体建设，通过兑现税收优惠政策、安排专项资金等方式，鼓励支持企业增加研发投入、购置研发设备、建设研发机构，企业研发投入逐年增强，研发经费稳步增长，企业自主创新呈现出"5个70%以上"的态势，即70.6%的科研机构设在企业，73%的科技活动人员在企业，71.9%的研发经费来源于企业，75.3%的省级攻关项目由企业为主体承担，72%的省级科技成果出自企业。2016年，安徽省研发经费投入475.1亿元，居全国第11位，同比增长10%；研发投入强度（研发经费占地区生产总值比重）达1.97%，居全国第9位。安徽省规模以上工业企业研发经费达370.9亿元，比上年增长15.2%。规模以上工业企业研发经费占工业增加值的比重从2011年的2.33%上升至2016年的3.68%，呈现逐年上升的良好态势。"十二五"期间，安徽省研发经费的结构一直比较稳定，其中70%左右的经费来源于企业，企业成为安徽省研发投入的主体这一特征已经非常明显。这些数据充分表明安徽省企业技术创新主体地位已经确立，为安徽省区域创新能力稳居全国第一方阵奠定了基础。

财政投入不断加大。"十二五"期间，安徽省财政科技支出逐年增加，从 2011 年的 77.03 亿元增长到 2015 年的 147.94 亿元，年均增速达到 18%。财政科技支出占全部公共财政支出的比重也由 2011 年的 2.33% 增长到 2015 年的 2.82%，年均增长 0.12 个百分点。财政科技投入杠杆在推进安徽省区域创新布局、支撑经济社会发展方面发挥了重要作用。安徽省被列为全国 8 个全面创新改革试验区域之一，拥有省级以上高新技术产业开发区 16 家、农业科技示范园区 15 家、各类高新技术特色产业基地 45 家，105 个县（市、区）全部通过国家科技进步考核。合芜蚌国家自主创新示范区对安徽省自主创新的辐射带动作用显著增强，合肥国家创新型城市建设深入开展，芜湖、蚌埠、马鞍山、淮南、滁州等一批省级创新型城市建设稳步推进。安徽省在热核聚变、量子通信、铁基超导、智能语音、高端装备等领域取得了一批重大成果，其中 40K 以上铁基高温超导体、多光子纠缠及干涉度量项目获国家自然科学一等奖，国家粮食丰产科技工程、国家农村信息化示范省建设也取得新进展。

（三）科技计划项目投入

"十二五"以来，安徽省凝练一批又一批重大科技项目，加快科技成果推广应用和产业化,共同推进共建名牌工程。2011 年开始实施"省属企业自主创新联合行动计划"，投入 8500 万元，支持首批 16 个科技成果转化重大项目。连续多年实施"粮食丰产科技工程""科技强警""科技富民强县专项行动"，在开展共性技术攻关，推进行业科技进步方面发挥出明显作用。

安徽省围绕省战略性新兴产业、高新技术产业和市首位产业等发展技术需求，组织凝练实施《安徽省科技重大专项》。通过每年度组织实施省科技重大专项项目，集中安徽省优势科技资源，在一定时限内进行集成协同攻关，推进科技成果转化产业化，开发自主知识产权重大产品，开展科技应用示范服务和对外重大科技合作，推动安徽省经济转型升级和社会发展科技进步。

安徽省以各类科技计划项目为基础，争取国家相关科技计划项目，资金放大效应普遍在2倍以上，最高的项目超过30倍。除此之外，安徽省以合芜蚌自主创新综合配套改革试验区为重点，针对优势产业、新兴产业和骨干企业的技术需求，每年凝练出百余个重大攻关项目。2016年，组织财政科技投入4亿余元，拉动社会研发投入37亿元，项目完成后，可取得专利300项、技术标准104项、新产品47项、新工艺7项。

2016年9月，为整合优化省级财政科技项目和资金管理，安徽省科技厅、安徽省财政厅联合印发《关于整合优化省级财政科技项目和资金管理的实施意见》，提出要通过深化改革，有效提升财政资金使用效益，充分发挥科研人员的积极性和创造性，推进建立以企业为主体、市场为导向、产学研相结合的技术创新体系；围绕科技计划功能定位，优化整合科技计划类别，形成创新型省份建设专项、自然科学基金、科技重大专项、重点研发计划、平台与人才专项、科技创新环境专项等六大类科技计划。

未来，安徽省还将加快推广应用新能源汽车、LED照明、工业余热发电、中文语音、高清移动传输等一批先进成熟的科技成果，缩短研发周期，创造新的市场和需求。对前期已安排、取得重大进展的生物质能、煤化工、碳纤维、高性能建筑用钢等重大项目，将尽快形成产能，发挥效益。及时挤出经费，对玉米芯生产木糖醇联产柠檬酸、循环流化床热电气焦油多联产等进展良好的项目给予滚动支持。

二、产学研用紧密结合

创新要在"顶天立地"上下功夫。这意味着，不但要持续推进原始创新，也要让创新成果接地气，这正是众多创新者的共同愿景。党的十九大报告指出，深化科技体制改革，建立以企业为主体、市场为导向、产学研深度融合的技术创新体系，加强对中小企业创新的支持，促进科技成果转化。一直以来，中共安徽省委、安徽省人民政府高度重视科技创新工作，以"产学研用"为核心，把成果转化作为加快发展方式转变的重要手段，作为加快承接产业转移的重要途径，科技成果不断转化为现实生产力，有效支撑了科教大省和创新型省份建设。

（一）促进高校院所科技成果转化

2014 年，随着财政部、科技部和国家知识产权局出台《关于开展深化中央级事业单位科技成果使用、处置和收益管理改革试点的通知》，安徽省抢抓重大试点政策机遇，将科技成果管理改革试点有关内容纳入科技规划、项目、经费、评价、奖励、报告等管理全过程，研究制定配套政策，进一步拓展提升、打造创新型省份建设配套政策升级版，在深化科技体制改革上取得新突破。

科技成果"三权"管理改革加快推进。修订实施《安徽省促进科技成果转化实施细则》，将由财政资金支持形成的，不涉及国防、国家安全、国家利益、重大社会公共利益的科技成果使用权、处置权和收益权，下放给项目承担单位，行政主管部门不再审批或备案。科技成果转化收益用于奖励科研负责人、骨干技术人员等重要贡献人员和团队的比例不低于70%。允许科技成果通过协议定价、在技术市场挂牌交易、拍卖等方式转让转化。依法赋予创新领军人才更大人财物支配权、技术路线决定权，实行以增加知识价值为导向的激励机制。政策环境不断优化，激励政策不断强化，激发了创新主体成果转化积极性。安徽大学通过股权激励措施，创下安徽省属高校转化科技成果金额的最高纪录。中国科学技术大学、合肥工业大学作为科技成果"三权"管理改革试点单位，累计处置科技成果24项，处置收入1.41亿元。

鼓励高校院所专业技术人员离岗创新创业。出台实施《安徽省鼓励科技人员创新创业实施细则》，就科技人员兼职、在岗创新，放宽职务发明成果处置、收益权提出具体支持措施。高校、科研院所科研人员经所在单位同意，可在科技型企业兼职并按规定获得报酬。允许高校、科研院所设立一定比例的流动岗位，吸引具有创新实践经验的企业家、科技人才兼职。鼓励和引导优秀人才向企业集聚。在这一制度的实施下，安徽工业大学的张良安博士以自己在工业机器人方面的专利作价500万元，与深圳赛为智能、安徽高新创业投资有限公司、安徽工业大学共同发起，于2016年5月注册资金3100万元成立安徽海思达机器人有限公司。除此之外，安徽工业大学还成立了按市场化运作的独立的企业型研究院——安徽工业大学马鞍山工业技术研究院，其研究团队大多为在校教师兼职，且兼职教师在工业技术研究院中所参与的课题、项目等均纳入学校考核、职称评审等的重要依据中。安徽农业大学的程茂基教授利用科研成果创办的专业从事乳仔猪高档饲料生物原料研制的国家级高新技术企业——安徽五粮泰生物工程股份有限公司，是目前中国最大的乳仔猪高档饲料生物原料研制商之一。

2016年9月，安徽省人民政府办公厅印发《安徽省促进科技成果转移转化行动实施方案》，提出在"十三五"期间，建设3个示范性国家技术转移机构、10 个科技成果产业化基地、1 个国家科技成果转移转化试验示范区，培养 500 名专业化技术转移人才，力争使我省技术合同交易额处在全国中上等位次。2017 年前 6 个月，安徽省共登记 148 项科技成果，其中应用技术类成果 144 项，实现产业化应用 122 项，占登记成果总数的 84.7%，实现转化收益 18.1 亿元，分别为自我转化收入 17.0 亿元、合作转化收入 0.9 亿元、技术转让与许可收入 0.2 亿元。

（二）推进重大科技成果产业化

党的十八大以来，安徽省重大创新成果不断涌现。研发出世界第一台光量子计算机、首台气体轴承斯特林制冷机工程化产品、超临界电站锅炉启动系统再循环泵、首款多语种实时翻译机。量子卫星世界首次实现千公里级量子纠缠分发，京东方 10.5 代 TFT–LCD 生产线、12 寸晶圆驱动芯片制造项目即将试产，华米科技成为全球最大智能可穿戴设备厂商……

如何将这些重大科技成果"落地生效"？多年来，安徽省积极打造产学研合作通道，着力解决科研成果转化"最后一公里"。

合肥晟泰克汽车电子有限公司研发的一款融合了声呐和图像实时可视技术的泊车辅助系统控制器已成为热销产品。2016 年以来，这款设备的月装车量达到 15 万套。取得这样的业绩，主要得益于企业与合肥工业大学智能制造研究院建立了稳定的产学研合作关系，双方在人才输送、生产线自动化、智能化改造提升和技术产品研发等方面，都有着全方位的合作。

依托骨干企业与高校、科研院所的产学研合作，安徽研发出国内领先的新能源汽车、CVT 汽车变速器、1600 吨数控液压机床、重载车轮、低温余热发电等一批牵动性强的新产品、新技术，船用低速柴油机、埃夫特机器人等多项产品填补了国内制造领域的空白。产学研用结合使企业创新呈现 6 个良好局面，87.7% 的研发活动、84.9% 的研发机构、77% 的研发人员、79.6% 的研发经费、74% 的授权专利、94.4% 的国家或行业标准均出自企业。

依托骨干企业，联合高校、科研院所等科技资源，安徽省已引导组建了 104 家产业技术创新战略联盟，共建省应用技术、合肥公共安全、新能源汽车研究院等 175 个产学研经济实体。80% 以上工业企业与高校、院所建立了产学研合作关系。2015 年，安徽省实现技术市场合同交易额 190.53 亿元，居全国第 11 位，同比增长 12.19%。

除此之外，安徽省还从每年的创新基金中拨出专款直接奖励把成果转化在企业的科研人员，进一步推动科研人员与企业的合作关系。2015 年，安徽省人民政府出台促进经济持续健康发展的意见，明确要求提升企业自主创新能力，提出拓展创新型省份建设专项资金使用范围，对重点实验室建设、科技成果转化、高层次人才团队创新创业给予真金白银的扶持。

（三）建立科技成果转化平台

高校和科研院所的很多成果，市场不需要；市场需要的成果，高校和科研院所又没有。产学研用"各拉各的车"，原始创新转化不畅，严重影响了社会效益和经济效益的释放。科技成果的转化离不开一系列创新平台的建设，要有效促进科技成果转化，必须搭建转化的桥梁。随着一批产学研高端协同创新平台在安徽相继崛起，多元化资金投入体制逐步健全，开放合作逐步扩大，推动着越来越多技术成果实现产业化。

为打破高校院所条块分割"孤岛"效应，推动产学研合作由短期、松散向长期、系统的政产学研资一体化转变，中国科学技术大学先进技术研究院（以下简称"中科大先研院"）经过摸索，已形成以事业单位企业化、技术开发契约化、成果转化资本化、人才培养订单化的发展思路。早在 2012 年，中国科学技术大学数学学院刘利刚教授所带团队，就设计出 3D 打印新方法，可大大节省材料。但由于缺少资金和与市场对接的有效渠道，科技成果迟迟未得到转化。直到 2014 年，中科大先研院在搜集信息中获知这一情况后，很快采取技术开发合同形式，给予该团队 60 万元经费助力产品落地，成立合肥阿巴赛信息科技有限公司，并帮助设计商业营销模式、推介技术产品等全程辅导对接。作为中国科学院、安徽省、合肥市、中国科学技术大学四方共建的协同创新平台，中科大先研院已入驻创新单元 57 家，形成了协同创新的"品牌效应"；建设国家量子保密通信"京沪干线"及"量子科学实验卫星"合肥总控中心，建立联合实验室 47 家，签订各类技术合同191 项，验收、申请和获批专利 127 项，实现了技术开发的"高原效应"；孵化 173 家高科技企业，开发新产品 220 项，实现销售收入 3.52 亿元，拉动产业投资近 3 亿元，实现了成果转化的"溢出效应"。

中国科学技术大学先进技术研究院

除此之外，中科大先研院已全面启动建设电子信息等4个产业共性研发测评平台。清华大学合肥公共安全研究院"巨灾科学基础实验中心"列入国家重点研发计划，城市安全运行监测体系示范运行。合肥工业大学智能制造技术研究院包河区新址项目启动建设。中国科学院合肥技术创新工程院发起筹建合肥市大数据产业创新战略联盟。安徽北大未名生物经济研究院加快建设大基因中心，挂牌成立安徽省首个诺贝尔奖工作站。北航合肥科学城、哈工大机器人研究院等重大科技成果转化合作项目加快推进。

　　通过建立平台，搭建桥梁，引导政产学研用多方资源的聚集，打破了原有主体之间的隔阂，带动项目、团队、成果、平台协同发展，解决了转化动力不足的问题。

　　2016年6月，国务院批复建立合芜蚌国家自主创新示范区。自示范区建设以来，安徽省一直强调加快科技成果研发、交易、转化、服务平台建设，两年多来通过对平台的内涵、功能不断细化、具体化，对科技成果转化发挥了越来越重要的作用。如合肥市建设示范核心区"一中心、三基地"，在理念上注重创新要素的集聚，注重科技成果转化的全要素支撑，注重研发进得来、转化出得去的双向通道的形成，注重政府公共服务的强化，在科技成果展示、信息处理、人才服务、中介服务等方面逐步形成体系，并为战略性新兴产业、动漫与服务外包等现代服务业发展提供共性技术服务，着力通过成果转化打造一批新兴产业基地。芜湖、蚌埠、马鞍山等地也在积极打造各具特色的转化平台。

三、优化创新生态环境

改革开放以来，我国经历了 4 次大的创业热潮。第一次始于 1984 年，城市个体户和乡镇企业迎来了创业高潮。第二次始于 1992 年，大部分体制内的人才到体制外创业，如柳传志、任正非等人创业，为民营企业的发展树立了典范。第三次始于 2000 年，是以互联网企业为主带来的创业热潮，如马云、马化腾、张朝阳等 IT 精英。第四次始于 2015 年热议的"大众创业、万众创新"，"创客"涉及各行各业，层出不穷。这 4 次创业热潮中，第四次的规模和影响最大。经济新常态下，大众创业、万众创新既是助推我国经济社会发展转型升级、塑造经济增长新动力的必然选择，又是保持中高速增长和迈向中高端水平的重要支撑。

"十二五"以来，按照中共安徽省委、安徽省人民政府和科技部的部署及要求，安徽省着力构建创新创业政策环境和制度机制，有力地促进了安徽全省大众创业万众创新的良好生态加快形成。

（一）发展众创空间

让创客进行协同创新创业，让创客与各种优质产业生态资源全面对接，已成为世界性的新浪潮。如今，这股浪潮正汇入安徽全面创新改革的热潮。

2015 年 4 月，安徽省已紧锣密鼓地研究落实国务院办公厅《关于发展众创空间推进大众创新创业的指导意见》，部署"众创空间"建设。中共安徽省委、安徽省人民政府在"调转促"行动计划创新驱动发展工程实施方案中明确提出，推进各类众创空间载体建设，到2020年建成300个众创空间，集聚创客8万人（次）以上。

此后，安徽省掀起了构建众创空间，创新孵化模式，促进大众创业、万众创新的浪潮。2016年以来，安徽省着力构建创新创业政策环境、制度机制和公共服务体系，大力实施"江淮双创汇"行动，有力地促进了全省大众创业万众创新的良好生态加快形成，涌现出WM众创智慧谷、银湖创客岛、5F创咖等一批在全省乃至全国有重要影响力的众创空间。2016年，安徽省新建众创空间125家，总数达到218家，其中国家级众创空间25家、省级众创空间68家、市级众创空间125家，科技企业孵化面积达到75万平方米，集聚了3万多名创客入驻创新创业。这些众创空间已吸引创业团队1500个，新登记市场主体1500家以上。按安徽省区位和创新环境测算，市场主体3～5年内成为规模以上企业的成功率在20%左右。在此期间现有的双创团队发展成规模以上企业的数量可望达到300家左右。

安徽省"双创"工作之所以硕果累累，与科学规划、全面推进和大量资金投入密不可分。

加强顶层设计，整合全省资源。中共安徽省委、安徽省人民政府多次统筹协调各部门形成合力开展"双创"工作。由安徽省发改委牵头实施"创业江淮"行动计划，安徽省科技厅牵头实施"江淮双创汇"行动计划，由安徽省人社厅牵头实施"赢在江淮"创业计划。这些计划里政策、资金红包丰厚，极大调动了安徽省创新创业的积极性。

加大资金扶持力度，打造创新创业服务平台。安徽省科技厅设立了众创空间专项资金4000万元，重点支持了安徽省以众创空间为重点的科技企业孵化器项目34项；安徽省发改委拿出2000万资金支持马鞍山、铜陵、芜湖、蚌埠、黄山等地众创空间建设布局；合肥高新区设立了双创孵化投资引导基金，由安徽省人民政府首期出资 2000 万元，以"孵化＋投资"的模式支持种子期、初创期小微企业。凡在安徽省高新区内注册的众创空间、孵化器等管理机构可以作为申请者，向引导基金申请设立子基金。每只子基金募集资金总额不低于引导基金出资额的 5 倍。子基金出资对有股权融资需求且运行良好的种子期、初创期企业实施股权投资，对单个企业的投资不超过子基金总规模的 10%，并优先支持入驻安徽省高新区内孵化器的创新创业项目。同时，建立风险容忍和尽职免责机制，允许引导基金出现 30% 以下亏损。

积极争取国家支持，创立全国优秀品牌。粒子空间、WM 众创智慧谷、十八号聚变场、合肥梦工厂、5F 创咖、芜湖长江鲨等 6 家众创空间纳入国家级科技企业孵化器管理支持体系；南艳湖启迪科技城、中安创谷创新创业服务平台、中国科学院合肥技术创新工程院等 9 个项目获得国家专项建设基金 9.9 亿元支持。合肥市成功入选国家小微企业创业创新基地城市示范，获得 9 亿多元（3 年）的国家专项资金支持。2015 年合肥市"双创示范"主要目标任务均超序时进度，小微企业收入达到 7234.4 亿元，比上年增长 20.9%；新增小微企业 3.53 万

安徽省众创空间联盟成立大会

户，同比增长 17.5%；小微企业就业人数达到 121.7 万人（当年新增就业 8.67 万人），同比增长 7.7%；小微企业拥有授权专利数达到 4990 个，同比增长 19.8%；小微企业技术合同成交额 31.06 亿元，同比增长 10.9%。合肥市 44 家众创空间完成备案，15 家众创空间获得认定。

创新统计评价体系，规范众创空间有序发展。2015 年，依据科技部发布的《发展众创空间工作指引》，安徽省制定了《安徽省众创空间备案实施细则》和众创空间绩效考核指标，实施众创空间绩效排位及众创空间目录公示制度，逐步构建完善众创空间动态管理体系，保障众创空间健康有序发展，真正成为服务于大众创业、万众创新的助推器。

2016 年 11 月，在合肥、芜湖、马鞍山、铜陵等市众创空间联盟基础上，安徽省正式成立省众创空间联盟，以整合众创空间资源，共享众创空间发展经验。"联盟"将在主管部门的指导下，团结安徽众创空间，凝聚众创空间资源，服务众创空间，帮助众创空间更好地服务于创客。

案例 10

安徽省 WM 众创智慧谷建立了包括 76 位企业家在内的创业导师团队，搭建了以蚌埠龙头企业和 6 所高校共同发起成立蚌埠江淮创业学院。蚌埠江淮创业学院结合产业需求，构建以创新创业研究为基础，创新创业教育为核心，创业及科技成果孵化与创新创业投资为两翼，为产业发展提供咨询、培训，直接培训 4000 人次。通过创业特训营、项目路演、私董会、创业资金授信等方式，梳理创业项目 500 多个，并对其中 52 个项目进行孵化。针对精英创业，该学院结合大量的案例分析，传授互联网时代的创业思维和方法，提供多角度、全方位服务。

案例 11

位于合肥高新区的 5F 创咖，将园区老旧的工业厂房改造成视线通透、采光通风良好、全楼 WiFi 覆盖、小米电视循环播放时尚剧目、布局灵活多变、loft 风格的众创空间，打造成安徽省最好、最大的科技、媒体和通信(TMT)行业圈。针对 TMT 行业年轻人对工作环境的要求，5F 创咖借助入驻互联网企业资源以及两款线上产品（微信公众服务号和网站），打通线上线下交流的通道，让创业者、投资人和中介服务机构实现零成本、7×24 小时的交流和对接。通过承办中国合肥青年创新创业大赛、"青苗杯"安徽项目资本群英会，拓展 5F 创客空间、开办 5F 创业学院等项目活动。

（二）打造科技金融服务

科技和金融相结合，是催化和放大创新成果效益，提升科技创新实力的重要战略举措。党的十八大以来，安徽省积极创新科技投融资机制，通过科技金融等创新举措，为创新创业发展助力护航。

2012 年，合芜蚌自主创新综合配套改革试验区获批国家首批科技与金融结合试点，对此，安徽省财政设立每年 6 亿元的试验区、试点省建设专项资金，省及合肥、芜湖、蚌埠三市设立创业（风险）投资引导基金，引导设立创投基金 19 只，资金总规模达 63 亿元，累计投资初创期科技企业和项目 108 个，总投资额 35 亿元。

安徽省通过建立完善与银行、担保、保险等金融机构合作机制，开展了专利权质押贷款、科技保险等试点工作。

设立产业投资基金。安徽省组建注册资本 50 亿元高新技术产业投资公司，招标参股发起设立总规模 81.5 亿元的 3 只子基金，已累计投资项目 35 个，投资总额 15.5 亿元，其中省内项目 11.7 亿元；招标组建总规模 600 亿元的产业发展基金，总投资规模 228 亿元。

鼓励科技型企业上市融资。2015 年，高新技术企业上市（挂牌）351 家、新三板挂牌企业 99 家、省股交中心挂牌 202 家。

引导天使投资发展。推动安徽省投资集团、信用担保集团与各市合作设立天使投资基金，重点投向成长性好的科技型小微企业和创业期企业。2016 年，安徽省投资集团、担保集团与 16 个市合作设立 18 只天使投资基金，基金总规模 23.5 亿元，已投资项目 72 个，投资总额 4 亿元。2014 年合肥市设立天使投资基金，扶持种子期初创期科技企业，组织申报省高层次人才团队项目，引进境内外高层次人才，市科技局与银行、担保机构、保险机构合作开展创新贷、科技小额贷、专利质押贷款等金融产品，扶持科技企业，通过设立风险池承担贷款风险、基准利率放贷等方式，帮助企业融资，降低融资成本。引进上海信隆行信息科技公司到合肥搭建科技中小企业金融服务平台，利用互联网优势，为合肥市科技企业提供股权、债权融资和财务、法律等一站式服务。

支持金融创新。安徽省已在全国率先建立"4321"新型政银担合作机制，即对小微企业担保贷款出现的代偿，由市县担保机构、省担保集团、银行和地方政府按 4 : 3 : 2 : 1 比例共担风险，构建覆盖省、市、县三级的政策性担保体系。开展科技保险试点，省、市分别按企业缴纳保费的 20% 给予补贴。实施专利权质押贷款。2015 年，安徽省共为 143 家企业的 549 件专利办理专利权质押贷款 156 笔，融资金额达 11.56 亿元，首次实现市级区域全覆盖。2016 年，蚌埠市获批国家专利权质押融资示范城市，界首市获批试点城市，新增专利质押贷款 137 笔、质押总额 12.5 亿元。

2017 年 5 月，安徽省人民政府印发《关于加快建设金融和资本创新体系的实施意见》，从大力发展股权投资基金、推动企业对接多层次资本市场上市挂牌、提升省区域性股权市场平台服务功能、深化科技金融创新、创新科技金融服务体制机制 5 个方面，提出建设金融和资本创新体系的具体政策措施。2017 年 7 月，安徽银监局总结银行业金融机构良好做法，结合实际制定出台了《安徽银行业金融机构发展科技金融支持安徽自主创新的指导意见》，引导辖内银行业金融机构在商业可持续和风险可控的前提下，牢牢把握安徽创新驱动发展新机遇，积极推进"365"科技金融服务模式创新。通过推动"365"科技金融服务模式创新，不断提升辖内银行业科技金融服务水平，进一步支持安徽创新驱动发展战略，努力为加快创新型省份建设作出更大贡献。

（三）加强知识产权保护

作为创新驱动发展的"参照系"，知识产权发展水平以及综合实力正日益成为衡量区域创新能力、创新水平的重要标志。党的十九大报告提出，倡导创新文化，强化知识产权创造、保护、运用。伴随着国家知识产权战略的深入实施，安徽省加快提升知识产权综合能力，协调推进知识产权强省、强市建设，知识产权重点环节不断突破，知识产权综合实力显著增强，为国家知识产权强国建设提供了重要的实践支撑。

"十二五"时期，安徽省知识产权综合实力进入全国前十，主要指标达到全国先进、中部领先水平。截至 2015 年底，安徽省拥有有效发明专利 26075 件，每万人口有效发明有效量达 4.29 件，提前 5 个月完成《安徽省国民经济和社会发展第十二个五年规划纲要》制定的"到 2015 年，每万人口发明专利拥有量达到 3.4 件"的目标任务，超额 26.5%。通过《专利合作条约》途径提交的专利申请量达到 659 件；作品登记数量和计算机软件著作权登记量达到 4115 件和 6000 件，地理标志、集成电路布图设计等注册登记数量大幅增加。

市场主体知识产权综合运用能力不断提高，形成了一批具有核心竞争力的知识产权优势企业。知识产权质押融资额达到33.6亿元，年均增长50%；专利许可备案达到1247件。知识产权行政保护不断加强，安徽省共查处专利侵权假冒案件1340件，商标权、商业秘密等侵权假冒案件6.5万件，侵权盗版案件76件。

2015年，安徽省举办《安徽省专利条例》知识竞赛，活动反响热烈。竞赛首次采用二维码、微信、网络答题等新媒体技术，《中国知识产权报》《安徽日报》等报纸以及中安在线、安徽省科技厅、安徽省知识产权局等网站刊登了竞赛试题或建立了知识竞赛链接，参赛人员突破万人，有效开展了普法宣传，公众广泛参与。

2016年1月1日，《安徽省专利条例》颁布实施，首次提出设立省政府专利奖、专利行政执法权下放到县、建立重大经济活动专利审议制度等。

一系列政策、制度的出台使安徽省知识产权示范工作再上新台阶。宁国市成为安徽省首家县级国家知识产权示范市；歙县成为首批国家传统知识知识产权保护示范县；合肥市等首批10家省级知识产权示范市（县、区）通过验收。新增合肥美的电冰箱有限公司等5家国家知识产权示范企业。

2017年，《"十三五"安徽省知识产权保护和运用规划》印发，提到安徽省知识产权综合实力位列全国前十，主要指标全国先进。未来，安徽省将运用大数据、云计算、物联网等信息技术，加强互联网、电子商务、大数据等新领域新业态知识产权保护，提升预警防范能力。同时，加大对小微企业知识产权保护援助力度，构建公平竞争、公平监管的创新创业和营商环境。

四、科技开放合作创新

"让全世界的聪明人聚集起来"是开放创新最大的魅力。创新已成为安徽经济发展的新名片。党的十八大以来，安徽省在推进合芜蚌国家自主创新示范区和创新型省份建设，探索具有安徽特点的创新发展之路中，始终把强化开放创新、加强对外合作摆在重要位置，通过完善机制、搭建平台、突出主体、典型引路，开展多层次、多领域的对外科技合作交流，在更大范围、更高层次集聚创新资源，促进了安徽省自主创新能力的提升。

（一）积极融入国家战略布局

党的十九大报告指出，要以"一带一路"建设为重点，形成陆海内外联动、东西双向互济的开放格局。当前，开放正由沿海向沿江内陆地区拓展。安徽沿江近海、居中靠东，处于"一带一路"和长江经济带重要节点，区位优势明显，在国家新一轮开放总体布局中处于重要位置，迎来了重大发展机遇。

在打造内陆开放新高地的过程中，安徽省围绕国家"三大战略"，落实"一带一路"建设实施方案，推进与沿线国家和地区的多领域合作，让安徽经济深度融入国际国内两大市场。安徽省有 106 个项目进入"一带一路"重点项目库，总投资 9624 亿元，过半项目已开工建设；2017 年前 2 个月，对沿线国家和地区进出口额达 18.9 亿美元，同比增长 18.8%。

安徽省全面参与长江经济带建设，深化长三角一体化发展，加强与沪苏浙等地对接，共同实施航道畅通、枢纽畅通、江海联通、关检直通四大工程，加快建设更高水平的开放型经济，皖江4市及周边城市于2016年成功跻身长三角世界级城市群。产业合作持续深入，安徽省与沪苏浙共同落实《长三角区域协同创新网络建设合作框架协议》，持续推动多层次园区共建。其中，苏滁现代产业园累计投资100多亿元，27家企业已建成投产；萧县张江高科技园区已集体入驻12家企业。生态环境联防联治联控成效显著，长三角大气污染防治协作机制有效运行，皖浙两省签订了新安江流域上下游横向生态补偿协议，启动了第二轮生态补偿试点。

安徽坚持以新发展理念引领对外开放，进一步融入国家战略，拓展开放发展空间。深度融入"一带一路"战略，加强与沿线国家和地区的合作，促进产业转型升级、拓展发展空间与国外需求结合起来，积极推进国际产能合作，推动优势产能和优势装备制造走出去，实施一批国际合作重点项目，培育一批具有国际竞争力和市场开拓能力的骨干企业。同时，加快对接京津冀协同发展，全面参与长江经济带建设，融入长三角一体化发展和世界级城市群建设，加强科技创新协同和产业合作分工，积极构建一体化综合交通网络，加快推进要素市场体系、基本公共服务体系和生态环境治理体系共建共享。

安徽省注重通过科技合作，引进国际领先的技术、人才和成果，实现由"跟着走"到平等合作，乃至"领着走"的转变。如中国科学院合肥等离子体物理研究所再创新前苏联的超导托卡马克装置，在热核聚变领域处于国际领先水平，承担了国际热核聚变试验反应堆计划（ITER）中10%的制造任务，成为ITER组织中不可或缺的重要成员。中国科学技术大学通过引进潘建伟研究团队，在光量子纠缠操纵和量子通信研究取得了国际领先的成果，成功建成运行了全球首个规模化量子通信网——合肥城域量子通信试验示范网，为实现量子通信技术产业化发展奠定了坚实基础，党和国家领导人在多次重要讲话中肯定了量子通信研究成就。合肥美亚光电公司与阿根廷合作，引进色选机技术，通过不断消化吸收再创新，生产的系列大米色选机达到世界领先水平，并从大米色选机延伸到杂粮、茶叶色选机和 X 射线检测机等，产品销往亚、欧十几个国家，成为国际上少数几家规模化色选机供应商之一。

（二）拓展合作渠道引资引智

创新是破解发展难题、开创发展新局面的根本法宝。

面对开放新机遇，安徽强化政策支持，着力加强创新支撑体系建设，落实促进经济平稳健康增长和"三重一创"、制造强省、科技创新、技工大省、招商引资、人才引进、降低成本等政策措施，促进实体经济做大做强；细化对接服务，利用网络平台打造永不落幕的徽商大会，不断完善全天候对接、全天候服务的机制；优化营商环境，深入推进"放管服"改革，让每一位投资者都能创新愉快、创业愉快、创造愉快。

随着安徽省营商环境法治化、国际化、便利化水平的不断提升，海内外客商纷至沓来，与安徽深化交往交流交融。经有关部门测算，安徽省营商环境竞争指数为 7.37，评价等级为良好，企业在安徽能够获得较佳的发展空间；企业家信心指数为 7.34，评价等级为良好，企业普遍对于在安徽发展抱有信心；企业经营景气指数为 8.24，评价等级为优秀，在皖企业普遍对于行业发展抱以积极乐观的预期。

以开放促发展，产业是根基，项目合作是重要抓手。安徽省重视依托合芜蚌国家自主创新示范区这个战略平台，加强与长三角、珠三角、中关村等先进地区的合作，实现优势互补、互惠互利、协同发展，加速科技创新要素向省内流动，已与中关村国家自主创新示范区签署战略合作协议，首批实施战略合作项目就达到27个，为进一步加强京皖两地协同创新、推动产业转型升级、提升科学发展水平创造了新的机遇。2017年5月18日，中德企业在半导体智能制造领域成功牵手合作，全球领先的半导体科技企业、来自德国的英飞凌科技股份公司，在合肥经开区与集成电路封装测试企业通富微电子签署战略合作协议。通过合作，参考和实践德国工业4.0的经验，提升企业的制造能力，助力半导体产业加快转型升级。通过一批合作项目的实施、合作平台的搭建、合作载体的建立，为提升安徽省相关产业的整体创新能力提供了有力支撑。

安徽省瞄准省及各市确定的主导产业、首位产业，采取合作研发、技术引进、人员交流、吸引留学人员回国创业等形式，促进新兴产业和传统产业融合发展，提升主导产业技术创新能力。2017年3月26日，安徽合肥巢湖之畔，1998年诺贝尔生理或医学奖得主费里德·穆拉德博士为自己的诺贝尔奖工作站揭牌。落户合肥综合性国家科学中心大基因中心的穆拉德诺奖工作站，是安徽省内首个诺奖得主的工作站。穆拉德到来两天后，投资额约2.5亿欧元的大陆马牌轮胎合肥工厂三期扩建项目正式投产。作为世界领先的轮胎制造商，马牌轮胎合肥工厂在2011年投产，累计投资总额达到5.7亿欧元，并先后建立了研发测试中心、亚太地区首个培训中心，迄今仍是中国地区唯一生产基地，预计2019年的产能可提升到1400万条。类似马牌这样的世界500强、知名跨国公司和龙头企业，是安徽省新一轮对外开放、吸引外资的重点。截至2017年2月底，共有74家境外世界500强公司在安徽累计设立了132家企业。

既是中部省份，又处在中国经济最具活力的长江三角洲腹地的安徽，已站在中部地区开放的前沿。安徽省已拥有12个国家级经济技术开发区、5个高新技术开发区、7个海关特殊监管区域，还有100多所高等院校、4000多所国家科研机构、300多万专业技术人才。在科技基础设施建设、普惠性税收政策、人才培养与引进等方面实施16项先行先试措施，是全国政府审批事项最少、审批效率最高的省份之一，已经成为开放合作的热土、放心创业的乐园。

向产业链中高端环节转移、高水平承接产业转移，"引进一位人才、带来一支团队、创立一家企业、培育一个产业"，如此模式和理念成为安徽对外开放、引资引智的新思路。安徽在加速打造开放型经济中不断创新举措，通过高端人才的引入带动战略新兴产业的发展，从而提升对外开放的水平。开放的安徽正着力打造内陆开放新高地。未来，安徽省经济开放度将显著扩大，融入国家"三大战略"向纵深拓展，高标准大通道、高水平大平台、高效率大通关基本实现，利用外资提质增效，国际产能和装备制造合作取得重大突破，成为"一带一路"的重要枢纽、长江经济带的重要战略支撑和长三角新发展的重要增长极。

（三）主动开辟境外研发合作

跨境合作是经济全球化和经济增长的重要动力，安徽省在"五大发展"的带动下，秉承互利共赢发展理念，鼓励有实力企业"走出去"。2016年，安徽省在"一带一路"国家设立境外企业27家，增长13%；完成营业额9.3亿美元，增长13.4%。

安徽省始终坚持以企业为主体，通过与境外知名高校、科研机构、企业开展项目合作，支持本省企业在境外建立研发平台、引进关键人才等形式，引进消化吸收再创新，研发转化先进技术，提升骨干企业自主创新能力。如奇瑞公司围绕汽车生产各个环节，通过与奥地利AVL、德国BOSCH、美国DELPHI、英国MIRA、韩国MANDO等国际著名汽车企业和研发机构的合作，引进了一大批国外高端研发人员，获得了SQR系列发动机、自动变速器的生产能力，在汽车产品的开发中居于主导地位。安徽科力信息产业公司围绕智能交通管理技术、设备，和德国、日本、荷兰、美国等国长期开展合作，在道路交通流量计算、信号监控、拥堵控制及交通安全决策支持系统等方面处于国内领先水平，公司已发展成为年销售额超 2 亿元、在国内智能交通行业具有一定知名度的高科技企业。

安徽还鼓励企业在国外建立研究基地，充分利用国外的人才资源及研发手段。如合肥天麦生物科技公司与以色列瓦尼尔公司签署了"生物制药技术和产品联合开发框架协议"，并在以色列雅夫尼建立了联合研究基地。通过兼并国外科研机构，提升自身在特定领域的研发能力。如蚌埠玻璃工业设计研究院通过控股德国一家科研机构，掌握了碲化镉薄膜太阳能电池研发能力，处于国际先进水平。

更具战略意义的布局是，安徽省创新境外投资合作模式，支持行业龙头企业建立境外经贸合作区、工业园区和经济特区，引导企业抱团出海、集聚式走出去。在广袤的非洲大陆，一条"贝拉走廊"就将一个设置在港口的"经济特区"与非洲南部内陆连接起来，这条公路由安徽外经建设集团有限公司总承包，而被称为"经济特区"的莫桑比克贝拉经济贸易合作区正是皖企在非洲的桥头堡。

2017 年，《安徽省"十三五"利用外资和境外投资规划》出台，明确提出支持中俄超导质子联合研究中心质子重离子治疗等技术研发。同时，依托安徽大学、安徽理工大学等高校，进一步增强与俄罗斯乌里扬诺夫斯克国立大学、楚瓦什国立大学、巴什科尔托斯坦国立大学等学校教育科研合作，加大双方留学生交流力度。支持有条件的市创建海峡两岸产业合作示范区，加大对现有台湾工业园、台湾农民创业园、海峡两岸（马鞍山）产业转型转移示范基地和海峡两岸青年创业基地的支持力度。除此之外，安徽省还拿出专项资金支持企业走出去参与"一带一路"建设，大力开展国际产能和装备制造合作。其中，从事国际产能和装备制造合作及境外经贸合作区建设的企业，最高可享受 500 万元的资金支持。

在创新发展中 走出新路

党的十八大以来，以习近平同志为核心的党中央始终站在时代前沿、国家前途和民族命运的战略高度，把创新摆在国家发展全局的核心位置，提出一系列新理念新思想新战略，指明了科技创新的方向，形成了指导新时期科技工作的行动纲领，拓展了创新发展的新境界。当前，新一轮科技革命和产业变革的步伐不断加快，国际科技竞争更加激烈，我国经济发展新常态和供给侧结构性改革对科技创新的需求更加迫切，创新驱动既是当前稳增长的着力点，也是长期调结构的战略路径。安徽作为一个科技资源相对丰富、创新能力相对较强的中部省份，必须勇担新使命，描绘新愿景，吹响新号角。

一、创新安徽担当新使命

现在，安徽发展已经站在新的历史起点上。安徽推动绿色发展、低碳发展有基础，推动深化改革、内陆开放有闯劲，实施创新驱动、产业升级有优势，只要以钉钉子精神干，再接再厉、不骄不躁、奋力拼搏，在中部崛起中前景可期。希望安徽进一步解放思想、真抓实干、开拓创新，在中部崛起中闯出新路、创造美好前景。

——习近平

回顾安徽发展历史，改革与创新始终相伴相随、全程贯穿，不仅改革成为安徽的"金字招牌"，自主创新也成为安徽的一大特色、一个品牌、一面旗帜。

回首过去，令人欣慰。改革开放以来，安徽人民用改革的意识破解难题，用创新的实践超越自我，用创新的驱动争取优势，从培育创新企业到发展创新产业，从建设创新型城市到打造合芜蚌试验区（示范区）和全面创新改革试验，从推进重点区域创新到技术创新工程试点省和创新型省份建设，谱写出一篇篇科技创新的精彩华章。

展望未来，任重道远。建设美好安徽，创新正当其时，圆梦适得其势。新的历史发展时期赋予新的创新发展使命。安徽要坚持以新发展理念统领发展全局，向创新要动力，向改革要红利，向开放要后劲，实现更高质量、更有效率、更加公平、更可持续的发展，走出一条符合中央要求、体现时代特征、具有安徽特色的发展之路。

2015 年 9 月，中共中央办公厅、国务院办公厅印发的《关于在部分区域系统推进全面创新改革试验的总体方案》对外发布。按照方案，京津冀、上海、广东、安徽、四川、武汉、西安、沈阳成为改革试验区域，担负起先行先试的重任。

2016 年 6 月，国务院关于安徽省系统推进全面创新改革试验方案的批复明确要求，安徽要以推动科技创新为核心，以破除体制机制障碍为主攻方向，以合肥、芜湖、蚌埠地区为依托，与建设创新型省份、合芜蚌国家自主创新示范区、皖江城市带承接产业转移示范区统筹结合，通过系统性、整体性、协同性创新改革试验，激发全社会创新活力与创造潜能，形成一批可复制可推广的改革试验成果。

同样是 2016 年 6 月，国务院关于同意合芜蚌高新区建设国家自主创新示范区的批复强调，安徽要努力把合芜蚌国家高新区建设成为科技体制改革和创新政策先行区、科技成果转化示范区、产业创新升级引领区、大众创新创业生态区。这是党中央和国务院为"合芜蚌"确立的新的发展目标，也是赋予安徽自主创新的新任务。

有多大担当，就能干多大的事业。

党中央、国务院将安徽列入系统推进全面创新改革试验试点，对安徽来说是重大平台、重大机遇、重大责任。2016 年 7 月，《安徽省系统推进全面创新改革试验方案》及时出台，提出了"全创改"时间表。到 2018 年，形成一批可复制可推广的改革试验成果；到 2020 年，基本建成综合性国家科学中心和产业创新中心；到 2025 年，建成有重要影响力的综合性国家科学中心和产业创新中心；到 2030 年，建成科技强省，在全国发挥示范带动作用。

合芜蚌国家自主创新示范区建设是系统推进全面创新改革试验的

重要依托。2016 年 12 月，安徽省人民政府印发《合芜蚌国家自主创新示范区建设实施方案》，重点抓好战略性新兴产业和创新型企业培育，加速科技成果转化和科技金融融合，推动大众创业、万众创新，切实将合芜蚌地区建设成为引领全省创新发展的重点区域。

担当体现在目标上，责任落实到行动中。

"两大中心、三大任务、八大机制"是安徽全面创新改革的主要任务及举措。"两大中心"即建设有重要影响力的综合性国家科学中心和产业创新中心；围绕"两大中心"，需要完成"三大任务"，即建设综合性国家科学中心、建设具有国际竞争力的产业体系、建设科技成果加快转化的新体系；"八大机制"为改革举措，包括激发企业创新活力的新机制，建立创新人才集聚新机制，建立高校院所源头创新新机制，建立金融服务自主创新新机制，建立高层次开放合作新机制，建立推进大众创业、万众创新新机制，建立军民深度融合新机制，深化科技管理体制改革等。

时代在召唤一个创新发展的安徽，时代也赋予了安徽创新发展的新使命。

二、创新安徽描绘新愿景

让我们扬起 13 亿多中国人民对美好生活憧憬的风帆，发动科技创新的强大引擎，让中国这艘航船，向着世界科技强国不断前进，向着中华民族伟大复兴不断前进，向着人类更加美好的未来不断前进！

——习近平

2016年5月30日，习近平总书记在全国科技创新大会、两院院士大会、中国科协第九次全国代表大会上的重要讲话，确立了要把我国建成世界科技强国的"三步走"路线图，即到2020年我国进入创新型国家行列，到2030年时我国进入创新型国家前列，到新中国成立100年时我国成为世界科技强国，这是我国科技事业发展的总目标；同时也鲜明指出了我国科技创新必须"面向世界科技前沿、面向经济主战场、面向国家重大需求"这一建设世界科技强国的出发点。习近平总书记从战略高度明确了我国科技事业发展的历史方位、奋斗目标，为我们在新的历史起点上实现新的奋斗目标，提供了基本遵循。

2017年5月，中共安徽省委、安徽省人民政府印发《安徽省贯彻落实〈国家创新驱动发展战略纲要〉实施方案》，立足"十三五"，瞄准2030年，展望2050年，制定了"三步走"的战略目标。

第一步，到2020年成为创新型省份。

到那时，安徽创新引领型现代产业体系初步形成。建成20个以上在国内外有重要影响力的战略性新兴产业集聚发展基地，全省高新技术产业增加值占规模以上工业比重达到50%，高新技术企业达到5000家，规模以上工业企业研发机构覆盖率达到40%，科技进步对经济增长贡献率提高到60%，制造强省和现代生态农业强省地位初步确立。自主创新能力大幅提升。基本建成合肥综合性国家科学中心。突破一批制约经济社会发展的核心关键技术，若干领域在全球形成优势。研究与试验发展(R&D)经费占地区生产总值的比重达到2.5%，每万人口发明专利拥有量达到10件，每万户市场主体注册商标拥有量超过1300件，国家级创新平台超过160家，人才资源占人力资源总量的比重提高到18%，每万名从业人员中研发人员全时当量达到45人／年，培养引进高层次科技人才团队 500 个。创新环境更加优化。科技体制机制充满活力，创新政策法规更加健全，科技与金融深度融合，知识产权保护更加严格，科技供给质量和效益显著提升，形成崇尚创新创业、勇于创新创业的价值导向和文化氛围。

到那时，安徽率先在全国建成充满活力、富有效率、更加开放的创新型省份。

第二步，到 2030 年跻身创新型省份前列。

到那时，安徽成为在全国乃至全球具有重要影响力的产业创新中心。形成一批具有较强国际竞争力的跨国公司和产业集群，成为全国有影响的现代制造强省和现代生态农业强省，实现更可持续的发展、更高质量的就业、更高水平的收入、更高品质的生活。总体上扭转科技创新以跟踪为主的局面。合肥综合性国家科学中心成为在国内外有重要影响力的创新高地，取得一批具有世界先进水平的原始创新成果，攻克一批面向国家战略需求的关键技术。研究与试验发展（R&D）经费占地区生产总值的比重达到 2.8%，科技进步对经济增长贡献率达到 70%。创新体系更加完备，科技与经济深度融合，创新文化氛围浓厚，全社会形成创新活力竞相迸发、创新源泉不断涌流的生动局面。

到那时，安徽实现依靠创新驱动的引领型发展，在全国发挥示范带动作用。

第三步，到 2050 年建成创新型强省。

到那时，安徽全面、持续形成充满活力、富有效率的区域创新体系，可供全国和全球借鉴。经济发展主要依靠科技进步和全面创新，经济发展质量高、能源资源消耗低、产业核心竞争力强。拥有若干世界一流的科研机构、研究型大学和创新型企业，涌现出一批重大原创性科学成果。科技和人才成为最重要的战略资源，成为全球高端人才创新创业的重要聚集地，创新成为政策制定和制度安排的核心要素。创新的制度环境、市场环境和文化环境更加优化，尊重知识、崇尚创新、保护产权、包容多元成为全社会的共同理念和价值导向。

到那时，安徽成为在全国乃至全球具有重要影响力的创新高地，部分领域科技水平国际领先。

有梦想才有希望，有梦想就有未来。中国梦、科技强国梦，正激励着全国人民朝着中华民族伟大复兴的目标进发。安徽"三步走"的战略目标，是安徽创新发展的路线图，是安徽创新发展的美好愿景，也必将引领安徽人民走出一条具有特色的创新之路。

三、创新安徽吹响新号角

> 安徽作为科技大省，这些年抓科技创新动作快、力度大、成效明显，值得肯定。当今世界科技革命和产业变革方兴未艾，我们要增强使命感，把创新作为最大政策，奋起直追、迎头赶上。
>
> ——习近平

"十三五"开局之年，习近平总书记亲临安徽考察，既如和煦的春风吹遍千里江淮大地，又如耸立的航标引领安徽奋勇前行。习近平总书记的重要讲话，深刻指明了安徽发展的"一大目标、五大任务"，这是赋予安徽的重大历史使命。"一大目标"，就是在中部崛起中闯出新路；"五大任务"，就是扎实推进供给侧结构性改革，扎实推进现代农业建设，扎实增进人民群众获得感，扎实推进改革开放，扎实学习和贯彻党章。

今天的安徽，铭记关怀，不负重托。

中共安徽省委团结带领全省人民，认真学习贯彻习近平总书记系列重要讲话精神和科技创新的新理念新思想新战略，深入学习贯彻习近平总书记视察安徽重要讲话精神，统筹推进"五位一体"总体布局，协调推进"四个全面"战略布局，吹响了"五大发展闯出新路、全国方阵走在前列、全面小康决战决胜、党的建设全面加强、美好安徽开创新篇"的嘹亮号角。

今天的安徽，与时俱进，不断加速。

2016 年 11 月，中共安徽省委、安徽省人民政府印发的《安徽省五大发展行动计划》明晰了今后五年经济社会发展的重点任务和重大工程，构成了建设五大发展美好安徽的顶层设计和行动指南。2017 年 12 月，中共安徽省委十届六次全会全面对标党的十九大提出的新部署新要求新举措，对《安徽省五大发展行动计划》进行了与时俱进的修订。《安徽省五大发展行动计划（修订版）》是深入贯彻习近平新时代中国特色社会主义思想，坚持以新发展理念统领发展全局，赋予五大发展行动新的时代内涵的具体体现，是当前和今后一个时期安徽经济社会发展的总抓手。

今天的安徽，坚定前行，开局良好。

安徽省委书记李锦斌指出："改革创新是安徽最为宝贵、最具优势的遗传基因，我们要始终秉承、大力弘扬，坚持不懈向创新要动力、向改革要红利、向开放要后劲。"全省人民要坚持以一往无前的魄力深化改革，以前所未有的力度推动创新，以海纳百川的胸襟扩大开放。目前，安徽主要经济指标增长好于预期、领先中部、快于全国。2018 年，全省生产总值突破 3 万亿元、增长 8.02%，其中高新技术产业增加值 4011.7 亿元、增长 16.7%，规模以上工业增长的贡献率达到 69.5%，同比提高 19.7 个百分点。安徽实施创新驱动发展战略，为安徽经济发展注入前所未有的强劲动力。

今天的安徽，精彩纷呈，亮点频现。

依托合肥综合性国家科学中心、合肥滨湖科学城、合芜蚌自主创新示范区、全面创新改革试验省等"四个一"创新主平台，安徽创新引领型发展呈现出蓬勃生机，区域创新能力稳居全国第一方阵。2018年，全省规模以上高新技术产业产值、增加值分别同比增长13.6%和13.9%，高新技术产业对全省规模以上工业增加值增长的贡献率达59.4%。"江淮双创汇"行动在全省迅速开展，众创空间如雨后春笋般涌现，大众创业、万众创新蓬勃发展，江淮大地已经成为一片创新创业的热土。2018年，全省共有众创空间301家，其中国家级42家、省级144家。据统计，2018年众创空间总收入12亿元，众创空间总面积414.13万平方米，累计获得投融资的团队、企业1210个。随着长三角一体化上升为国家战略，安徽致力于打造长三角科技创新策源地、战略性新兴产业高质量发展增长极、生态优先绿色发展的大花园和内陆开放新高地，为长三角更高质量一体化发展注入新动能。安徽，正以创新的独特魅力吸引着全国和全世界的目光。

今天的安徽，使命光荣，信心百倍，正朝着建设现代化五大发展美好安徽的目标阔步前进。

后　记

　　党的十九大报告提出加快建设创新型国家，明确"创新是引领发展的第一动力，是建设现代化经济体系的战略支撑"。《安徽省五大发展行动计划（修订版）》提出，要实施创新发展行动，加快建设创新型省份。

　　为帮助广大干部深入学习、全面领会习近平新时代中国特色社会主义思想和党的十九大报告关于创新发展的部署要求，了解安徽创新的历程、创新的成果、创新的特征，切实提高深入实施创新驱动发展战略、建设创新型省份的能力和水平，助力推进现代化五大发展美好安徽建设，安徽省委组织部组织编写了本书。

　　《美好安徽》干部培训省情系列教材，主要作为干部培训的辅助教材、干部自学的参考读本、干部院校学员的案头书籍和高校典藏图书、省外来宾赠阅书籍，共分《山水安徽》《人文安徽》《红色安徽》《创新安徽》四个篇章。

　　安徽省委有关领导对《美好安徽》干部培训省情系列教材编写工作给予重视支持、有力指导，并审定书稿。本书由安徽省委组织部牵头，省科学技术厅负责编写。参与本书调研、写作和修改工作的主要人员有：李红兵、肖玲玲、李南凯、陆婉清、任媛媛、丁元欣、朱的娥、蔡的贵、胡林林、陈士征、江激宇、戴景源、刘赞扬、钟海斌、赵菁奇、江增辉、徐州炉、李颖、杨志发、张敏等。王士友、钱念孙同志负责统稿。参加本书审读的人员有：王士友、钱念孙、尹合伶等。在编写出版过程中，安徽省委组织部干部教育处负责组织协调工作，省辖市和省直有关部门提出了宝贵意见，安徽人民出版社等单位给予了大力支持。在此，谨对所有给予本书帮助支持的单位和同志表示衷心感谢！

由于水平有限，书中难免有疏漏和错误之处，敬请广大读者批评指正。

编　者

2019 年 7 月